Money錢

Money錢

Money錢

Money錢

你也可以存100張金融股

養出退休金雞母
打造領息好日子

buy
不敗教主
陳重銘
著

目錄

目錄

濃縮30年經驗
教你用金融股領息一輩子

記得我是在2008年金融海嘯期間開始存金融股，當時看著電子股大跌，恐慌之下便打算分散投資到金融股，於是開始買進中信金（2891），隨著金融海嘯越演越烈，我買進中信金的價位也越來越低，當時看著中信金股價從20幾塊一路滑落到7塊多，說實話內心也存在著焦慮不安，只能相信中信金是績優龍頭公司，持續買進並長期投資。

隨著中信金不斷配股配息，我也在低點時繼續加碼，在2015年存到了300張，詳細心得

寫在《6年存到300張股票》一書中。長期投資下來，我開始了解金融股具有配息穩定且不易倒閉的優點，於是持續買進增加張數，2022年我持有超過2,000張金融股，從中領到265萬元的股利。

可惜好景不常，2020年疫情期間美國大降息，埋下了往後通膨的種子，2022年俄烏戰爭不幸開打，導致美國通膨嚴重惡化，不得不採取激烈升息的手段，一口氣升息17碼（1碼為0.25%）；雪上加霜的是國內壽險為主的金控，都遭逢防疫保單的嚴重虧損，股價跟著大跌一波！但是平心而論，美國升息17碼跟防疫保單虧損，都可以算是一次性的利空，反而提供低價進場的時間點。

　　2022年11月，我看著國泰金（2882）股價跌破40元，開發金（2883）股價將近腰斬，於是進場撿便宜，我知道壽險金控的獲利呈現景氣循環，要買在獲利差（升息時），賣在獲利好（降息時），賺價差遠勝過放著領息。

　　同樣身為金融股，但是也有不同的獲利主軸，例如壽險、銀行、證券、租賃……都有不同的投資策略，例如不同於壽險金控受到升息的傷害，銀行反而受惠升息加大的利差。2021年9月多，我預估美國即將在2022年升息，當時臺企銀（2834）的股淨比僅0.7倍，便在10塊錢以下買進，然後持續加碼，到2023年的報酬率超過40%。

　　在台灣，金融業屬於政府高度監管的特許

產業，如果沒有政府的核准，再有錢也無法成立銀行。台灣目前的14家金控算是特許的寡占行業，獲利與配息都相當穩定，很適合存股來產生現金流，幫你的生活開銷（退休金、房貸、生活費）買單！

從2022年起大家都認識到「通膨」的威力了，不要說早餐加1顆蛋要15元，高漲的房價更讓上班族大嘆買不起，不少人紛紛說想要直接躺平！其實經濟就是錢的流動，2023年4月全台灣的房貸餘額高達9兆4,480億元，如果用房貸利率2%計算，全體房貸族1年要繳交1,890億元的利息給銀行喔！我自己也負擔8位數的房貸，但是我每年從金融股領到將近300萬元股利，幫我繳房貸還有剩喔！

如果從現金流動的角度來看，等於是有很多辛苦的房貸族在幫我繳房貸！這樣是不公不義嗎？請記住，我沒有逼你買房子繳房貸吧！況且我省吃儉用10幾年來存金融股，股災時也要承擔大跌的心理壓力！幸好台灣的金融股有特許的護城河，更擁有強大的獲利能力。2023年我趁低點持續將金融股加碼到3,000張，我的下半生都可從金融股每年領約300萬元股利，幫我繳房貸、讓我遊山玩水……

獲利穩定、幾乎不會倒閉的金融股，已經成為我人生中最寶貴的資產，源源不絕地將股利貢獻給我，真的比養小孩還要孝順。資產的好處就是只要辛苦打造一次，它就會養你一輩子，還可以庇蔭子孫，富過三代喔！

　　臨淵羨魚，不如退而結網，每個人都可以存金融股，你也可以達到財務自由，重點是你要開始存股。「知識」是最有價值的投資，儘管金融股可以傻傻地存，但是深入了解產業與景氣循環，不僅可以幫你趨吉避凶，更讓你敢於逢低加碼，創造更高的報酬。

　　我存了15年的金融股，累積領回超過1,000萬元的股利了，真的是很開心。這本書濃縮我30年存股經驗，相信會對你有很大的幫助。股海在走，知識真的要有，請你多買書、多讀書，因為「投資自己，才是最好的投資」。

chapter
1

存股策略一籮筐
金融股老少皆宜

1-1

投資要選護城河
打造長期飯票

什麼樣的公司可以長期穩定投資呢？除了公司獲利穩不穩定，配息穩不穩定之外，「護城河」也是很重要的概念。

什麼是投資股票？簡單來說就是看到一家公司很賺錢，然後希望它賺錢之後也分給投資人，對投資人來說就代表「長期飯票」這4個字，好比陳老師以前是公務員，薪水收入穩定（公司賺的獲利），而且也拿錢回家養小孩（公司獲利發放股利），我就是小孩的長期飯票。

因此，投資上我盡量挑選「有穩定賺錢，並發放股利」的股票，這些公司都成為我的長期飯票，不僅幫我養家養小孩，還讓我財務自由、提早開除工作。

　　什麼樣的公司可以長期穩定投資呢？除了公司獲利配息穩不穩定之外，「護城河」也是很重要的概念。簡單來說，護城河就是指一家公司擁有同業競爭對手難以超越的優勢，股神巴菲特爺爺說投資就像在滾雪球，看著雪球越滾越大好像很不錯，但是萬一融化了怎麼辦？所以巴菲特喜歡有護城河的股票，如果企業的護城河很寬、很深，裡面最好再養一群鱷魚，就可以保護他的投資。

找到錢流 就能找到賺錢機會

　　台灣股市中有將近2,000檔股票，對於剛入門的投資人來說應該是霧煞煞，要如何選出好股票恐怕是一大難題。我的看法很簡單，投資股票的重點就是「公司有賺錢」，然後你才可以從中獲利（股利、價差），所以要觀察現金的流動，也就是錢從哪裡流出來，然後流到了哪裡去。

　　舉例來說，台灣人愛買房子應該不是新聞，但是房價很貴只好跟銀行借錢，根據統計，2023年4月台灣人總共借了9兆4,480億元的房貸，2023年5月房貸利率來到2.06%，也就是整體房貸族每年要繳交9.448兆×2.06%＝1,946億

元利息給銀行，銀行的股東就會受惠。此外，蓋房子就需要水泥，水泥股也會受惠；房子很貴也就表示建商有賺錢，營建公司的股東也會開心。

從上面的說明可以看出，錢不斷地從買房的上班族口袋流出去，然後流進銀行、水泥、營建等公司的口袋中，我只要當這些公司的股東，等於有許多房貸族在幫我賺錢。基於上述理念，我持有金融股（中信、元大、台新、第一、國泰等）、水泥股（台泥、亞泥等）、營建股（興富發、長虹等），2022年這些股票總共領到超過300萬元股利。

我其實也背負8位數的房貸，但是我靠著這些「房貸概念股」的股利繳房貸，完全不用自己出一毛錢。

別超出能力圈 不懂的股票不要碰

除了銀行之外，各行各業都找得到錢流。台灣是科技大國，半導體產業對全球來說舉足輕重，科技不斷發展、新產品也持續推陳出新，對半導體的需求只會越來越多；2025年以後全球燃油車將逐漸退場，持續增加的電動車也會帶動半導體需求；2023年最火紅的AI聊天機器人ChatGPT，可能會

引導下一個世代的科技變革，IC設計與製造、資料中心、伺服器、高速運算等類股都會受惠，這些產業都需要半導體。

然而半導體產業又可以分成上游的IC設計、中游的IC製造與下游的封裝測試，投資人最簡單的方法就是買進半導體為主的ETF，就可以跟上半導體產業的成長。

2023年初台灣的「蛋蛋危機」燒不停，缺蛋成為大家最關心的議題，因為人每天都要吃飯，民生必需的股票也會跟著受惠。

雞排從1992年平均約30元，上漲到2023年平均約90元；2023年早餐加1顆蛋漲價到15元，超商茶葉蛋也漲到13元，雞排、雞蛋漲不停，何不換個腦袋當養雞大廠的股東？卜蜂（1215）及大成（1210）是台灣2大白肉雞產業龍頭，垂直整合上游養雞場與下游通路，具有強大的規模與市場競爭力；其中大成是國內最大雞肉供應商，肯德基、麥當勞都是它的客戶。

卜蜂則主要發展冷藏料理、微波食品，從飼養、屠宰、加工到餐飲擁有完整的一條龍供應鏈，並且打入超市、超商及量販通路，以因應現代人的飲食需求。只要買進這2家公

司的股票,當雞肉、雞蛋價格上漲時公司會賺更多,身為股東的你也跟著受惠,完全不用擔心吃不起。

此外,現代人都把手機黏在臉上,沒有手機就活不下去,相關的手機製造廠(台積電、鴻海、和碩等)、電信業者(中華電、台灣大、遠傳等)、通路業者(聯強、全國電子等)也都會受惠。

存股票的重點在於「現金流」這3個字,挑選消費者有源源不絕需求、一直投入金錢的產業,投資人就可以從中得利。但是不同產業也有自己的特性,例如金融股比較容易受到利率政策的影響,雞肉類股要關心禽流感,電子半導體產業具有高報酬但是高風險的特性。投資人必須就自己的能力圈來評估,「不懂的股票不要碰」,不要投資超過自己能力範圍的股票,才能在股海中駛得萬年船。

1-2

存金融股好處多
不怕股票變壁紙

金融股很適合小資族存股打造現金流，幫你繳房貸、小孩學費、生活費……也可以當作養老退休金，不用擔心股票倒閉變壁紙。

大家都想要存股，但是股價太高也是小資族心裡永遠的痛，例如台積電1張要數十萬元，小資族1年的薪水都還不夠啊！而且台積電的殖利率僅約2%，領股利實在是不迷人。

4大優勢 金融股受投資人喜愛

我從2008年開始存金融股，2022年從金融股領到超過250萬元的股利（現金股利＋股票股利），金融股對我

來說就是可以年年提款的長期飯票。最近幾年,金融股越來越受到台灣投資人的喜愛,因為具有4大優點。

優勢①:政府幫忙打造護城河

金控屬於政府高度監管的特許產業,新的競爭對手如果沒有政府核准,就算再有錢也無法成立銀行。

有了政府的大力監管,金融股通常是「大到不會倒」的公司,相對不容易倒閉,當經營不善時,政府也會介入保護,例如2005年二次金改時,由於彰化銀行(2801)累積許多呆帳,財政部最終決議以招標發行特別股的方式,策略性引進台新金(2887)入主救援彰銀,讓彰銀得以浴火重生。

優勢②:跟隨市場壯大

隨著經濟不斷成長,金融市場也會持續壯大。例如台灣股市的市值規模,逐年不斷成長,股市成交量也從早期的1,000億元左右,成長到2021年突破6,000億元大關;台灣人天性喜歡買房子,銀行放款的房貸餘額從2019年的7兆元,成長到2023年4月9兆4,480億元,銀行賺到的房貸利息也隨之增加。

優勢③：受景氣循環影響低

銀行是民生必需產業，大家繳交的房貸、定期定額投資的手續費、刷信用卡繳交電信、水電、瓦斯等手續費用……都是金融業穩定的收入來源，受景氣變化的影響較低。

優勢④：受惠升息

2020年因為疫情衝擊國際金融市場，美國大幅降息至零利率，但是低利率也催生了高通膨，所以美國在2022年又開啟升息循環，升息就會提高存放款利差，有利提升銀行獲利。

例如2021年台灣房貸利率最低為1.31%，到了2023年5月已經突破2%，對於貸款1千萬元的房貸族來說，等於每年要多繳7萬元的房貸利息給銀行，銀行的獲利自然會增加。

這幾年存金融股的人越來越多，原因在於：

①低價 2023年初不少金融股的股價多在20元附近，也就是買1張只要2萬元，小資族認真存上1、2個月還是買得起，看著張數不斷增加，存股會比較有感。

②不會倒 根據我投資台灣股市的多年經驗，台灣政府

不喜歡銀行倒閉，因為會衍生太多的社會問題，銀行倒閉後只會更麻煩，過去一些經營不善的小銀行，最後大都是被大銀行併購。許多人存股票是為退休做準備，被政府高度監管且很難倒閉的金融股，退休族存起來更安心。

③殖利率穩定 以第一金（2892）為例（圖表1-2-1），長年下來平均殖利率約5%，是不是勝過定存的1%多？有些人不敢投資股票，怕倒閉變成壁紙，請仔細想一想，如果你不敢買第一金的股票，卻敢把錢存在第一銀行，萬一第一金倒閉了，存款戶還不是一樣慘？其實第一金是官股金控，有財政部當靠山，不可能倒閉的啊，為何不當股東來賺更多錢？

圖表1-2-1	第一金（2892）近年財報表現						
股利發放年度	股利（元）			年均股價（元）	年均殖利率（%）	獲利年度	EPS（元）	盈餘分配率（%）
	現金	股票	合計					
2018	0.9	0.1	1	20.3	4.93	2017	1.27	78.7
2019	1	0.1	1.1	21.9	5.01	2018	1.4	78.6
2020	1.05	0.3	1.35	21.8	6.18	2019	1.55	87.1
2021	0.9	0.1	1	22.4	4.46	2020	1.31	76.3
2022	1	0.2	1.2	26.2	4.58	2021	1.52	78.9
2023	0.8	0.3	1.1	26.9	4.09	2022	1.56	70.5
平均	0.94	0.18	1.13	23.25	4.88	平均	1.44	78.35

說明：資料統計至2023年6月

第一金盈餘分配率 第一金在2022年賺進1.56元
（EPS），在2023年發放1.1元股利（0.8元現金＋0.3元
股票），盈餘分配率＝股利÷EPS＝1.1÷1.56＝70.5%。
（小提示：今年發放的股利，是來自去年的獲利。）

第一金殖利率 2023年發放1.1元股利，年平均股價為
26.9元，年平均殖利率＝1.1÷26.9＝4.09%。

想創造現金流 勇敢買進金融股

　　隸屬官股金控的第一金，有財政部這個大靠山，還有
立法院的監督，而且過去的獲利與配息都很穩定，可以安
心放著領股利，並且在股災時勇敢加碼，這就是存金融股
的優勢，很適合小資族存股打造現金流，幫你繳房貸、小
孩學費、生活費……也可以當作養老的退休金，完全不用
擔心股票倒閉變壁紙。

　　未來的世界，「通膨」將會是你揮之不去的噩夢，
根據主計總處公布，2023年4月CPI年增率（通膨率）為
2.35%，2023年4月台灣銀行定存利率約1.6%，可以看出
存錢的速度跟不上物價的漲幅，如圖表1-2-2所示，售價

100元的雞排，在10年後會漲價到126.15元。

如果你現在捨不得吃雞排，將100元放在銀行存定存，10年後這100元只會增加到117.2元，你反而吃不起126.15元的雞排，因為你的錢被通膨給偷走了。

只有當投資報酬率打敗通膨率時，你才能夠消費得起；例如投資第一金股票，假設每年領取5%的股利，將領到的股利持續買回股票，10年後你的100元可以成長到162.9元，你不僅買得起126.15元的雞排，還會剩下36.75元。

圖表1-2-2		存錢的速度跟不上物價									單位：元
項目	金額	第1年	第2年	第3年	第4年	第5年	第6年	第7年	第8年	第9年	第10年
通膨率（2.35%）	100	102.35	104.76	107.22	109.74	112.32	114.95	117.66	120.42	123.25	126.15
定存利率（1.6%）	100	101.6	103.23	104.88	106.56	108.26	109.99	111.75	113.54	115.36	117.2
報酬率（5%）	100	105	110.3	115.8	121.6	127.6	134	140.7	147.7	155.1	162.9

奉勸大家要做好投資理財，未來你才能夠活得起、吃得起。不要再把錢放在銀行定存，因為跟不上通膨啊！害怕股市、不敢投資股票的人，可以勇敢買進金融股，但是金融股也分為銀行、壽險、證券等主要業務，各有各的特點，要怎

樣抉擇呢？股海在走，知識要先有，在投資之前還請先看一下本書的分析。

1-3

股票有漲有跌
學習富人思維

窮人只看到股價，會因為大跌而恐慌；有錢人會看到價值，因為大跌而貪婪。決定你是貧窮還是富有，往往是你的財商。

記得我在2015年推出《6年存到300張股票》（2022年重新改版），講述存300張中信金（2891）的歷程與心法。當時距離2009年金融海嘯不遠，大家對美國金融巨擘雷曼兄弟破產案記憶猶新，所以不少專家質疑我存金融股的安全性，也紛紛拿國泰金與三千金（彰銀、第一銀和華南銀）的歷史背景來質疑。

年輕的股友沒有經歷過那段歷史，讓我將時間倒轉回到1989年，國泰人壽每股最高曾達1,975元的天價，後來換股

併入國泰金控（2882），金融海嘯期間更一度跌至24元的低價，高低價差達1,951元，跌幅為嚇死人的98.78%。

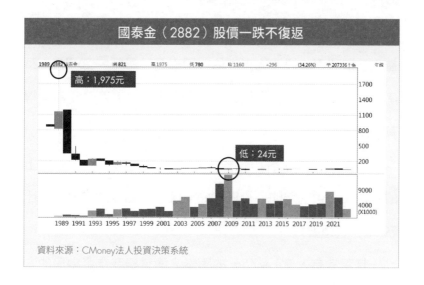

資料來源：CMoney法人投資決策系統

　　當年還有引領風騷的三千金（彰銀、第一銀和華南銀），股價均曾漲至千元大關，如今也都風光不再，以彰銀（2801）為例，1988年8月24日股價最高達1,105元，到了2023年6月21日股價僅有18.75元，真的不知道腰斬多少次了，實在是令人不勝唏噓！也讓經歷過這些的股友想問：金融股真的可以存嗎？

窮人看股價 富人看價值

當年的台灣股市並沒有多少家金融股，只要有金錢遊戲的炒作，股價就容易被推上極端值。

如今國內的金融股百家爭鳴，投資人也可以理性地用本益比、殖利率、股淨比來評估，國泰金、彰銀、第一金、華南金（2880），股價不要說再回到千元，上百元我都覺得有難度。

恭喜現在的金融股投資人，你不可能再買到千元以上的金融股，也就避開往後重挫的風險了，如今的時機絕對比1989年代還要好。

其實當有人拿1,975元的國泰人壽質疑我存金融股的安全性時，我都拿一個例子來反駁：當國泰人壽股價1,975元時，國泰的大股東蔡家是不是台灣的有錢人？如今股價只剩下44.4元（2023/6/21），請問你，國泰蔡家是不是一樣超級有錢？我相信答案為「YES」！

其實有錢人想得跟你不一樣，當你在恐慌股價從1,975元跌到24元時，大股東想的是「太便宜了，趕快加碼！」大股東了解自己公司的價值，趁著跳樓大拍賣時拼

命逢低進場，一方面可以降低持股的成本，張數變多後也可以領到更多的股利，然後再買進更多的股票，難怪人家一直都是超級有錢人。

窮人只看到股價，會因為大跌而恐慌；有錢人會看到價值，因為大跌而貪婪。決定你是貧窮還是富有，往往是你的財商（投資理財的知識）。

2022年因為美國巨幅升息，全球股債雙殺導致國泰金獲利銳減，股價從68元高點滑落到40元以下，我也趁機買進了150張，我會在後面章節跟大家分享壽險金控的投資要點。

1-4

金融股配息vs配股
哪個比較好？

股票股利並非越高越好，如果獲利沒有成長，你領到股票股利卻
賠上價差，還是有可能會賠錢。

想要把股票當成「長期飯票」，重點是穩定地產生股利現金流。通常股利又可以分成現金跟股票2種，到底哪一個比較好呢？其實凡事都要回到原點——只有當公司賺錢時，才有能力發放現金或股票股利，所以「賺錢、獲利成長」的公司才是最好的。

學會基本觀念 填權息才能賺到錢

先來講解一下現金股利、股票股利、填權息的觀念。

①現金股利

發放現金，又稱為股息。例如2023年中華電（2412）每股發放4.702元現金股利，持有1張（1,000股）中華電可以拿到1,000股×4.702元＝4,702元現金（通常會扣掉10元的匯款費用）。

②股票股利

配發股票。例如2023年玉山金（2884）發放0.19元現金跟0.38元股票股利，持有1張玉山金可以拿到1,000股×0.19元＝190元現金股利，以及1,000股×0.38元＝380元股票股利，但是1股的面額是10元，所以是配發380元÷10元＝38股。

為何玉山金不乾脆發放0.57元現金股利？因為公司想要保留現金來擴充業務，發放現金股利會造成資金流出，發放股票股利則不需要成本，對公司來說反而最划算。投資人拿到配股之後可以在市場上賣出，便能拿到現金。

③股本變化

配發0.38元股票後，投資人手中的1張股票會變成1.038張，增加了3.8%，同樣的公司的股本也會膨脹

3.8%，如果往後公司的獲利沒有跟著增加3.8%，EPS就會被稀釋（EPS計算公式＝稅後淨利÷在外流通股數）。

拿圖表1-4-1來解說一下，某公司的股本為100億元（用票面價值10元換算，就是有100萬張股票），稅後淨利10億元，則EPS＝1元；當公司發放0.38元股票股利後，獲利維持在10億元，EPS會縮水成為0.963元，就有可能造成股價下跌。除非公司的獲利能夠成長3.8%到10.38億元，EPS維持1元，才不會導致股價下跌。

所以，股票股利並非越高越好，如果獲利沒有成長，你領到股票股利卻賠上價差，還是有可能會賠錢。

④除權息參考價

配發現金股利稱為「除息」，配發股票則稱為「除權」，股票在除權息後股價會向下修正，稱作「除權息參考價」，計算的概念就是：除權息前總價值＝除權息後總

圖表1-4-1	股本膨脹、獲利未成長 EPS被稀釋	
股本（億）	獲利（億）	EPS（元）
100	10	1
103.8	10	0.963

價值，要記住總價值並不會改變。

從上面的數學式可以看出，參與除權息並不會賺錢，繼續拿玉山金做說明。假設玉山金除權息前一天的收盤價為26.2元，當同一天除息（配現金）跟除權（配股票）時，要先計算除息。

- 除息參考價＝26.2－0.19＝26.01。除息就是將股息（0.19元）從股價（26.2元）中扣除。
- 除權參考價＝26.01÷（1＋0.038）＝25.06元。（除權0.38元就是1股配發0.038股）。
- 股價變化：除權息後每股拿到0.19元現金跟0.038股，股價變成25.06元。
- 除權息後總價值＝0.19元股息＋（1＋0.038）股×25.06元股價＝26.2元＝除權息前的總價值。

⑤填權息

除權息後，當玉山金股價漲回除權息前一天的26.2元，便稱為填權息，此時每股領到的0.19元現金跟0.038股，才是真正有賺到，獲利＝現金股利0.19元＋

股票股利0.038股×股價26.2元＝1.186元，報酬率＝1.186÷26.2＝4.53%。由此可見，除權息並不會讓你賺錢，只有「填權息」才會賺錢。

什麼樣的股票可以保證填權息？如果一支股票的獲利每年穩定成長，股價上漲的機率比較高，也就比較容易填權息。

所以想存股領股息要挑選獲利穩定（成長最好）的股票。從圖表1-4-2可以看出，元大金（2885）在2015～2021年間獲利逐年成長，2021年股價來到最高點，表示過去幾年發放股利後都有填權息。這邊要說明一下，填權息並非只看當年，只要幾年後股價大漲一次，就可以將過去幾年的除權息，一次填好、填滿。

股息發再多 不代表有賺

2021年因為股市熱絡，成交量大增讓元大證券獲利豐厚，該年EPS高達2.87元，股價最高來到27.8元，從圖表1-4-3可以看出，就算2013年起都買在最高股價，到了2021年一樣有填權息。

圖表1-4-2	元大金（2885）獲利穩定成長 年年填息							
年度	2015	2016	2017	2018	2019	2020	**2021**	2022
EPS（元）	1.02	1.16	1.37	1.59	1.75	1.99	**2.87**	1.72
最高股價（元）	18.4	12.2	14.15	16.4	20.45	20.75	**27.8**	27.25

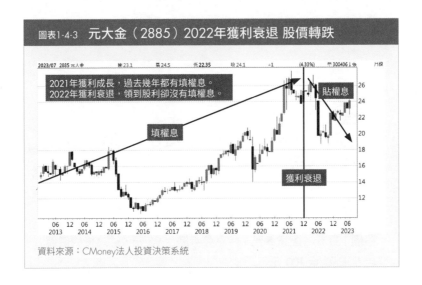

圖表1-4-3　元大金（2885）2022年獲利衰退 股價轉跌

資料來源：CMoney法人投資決策系統

　　可惜好景不常，2022年因為國際動盪，導致台灣股市成交量銳減，元大金2022年EPS僅剩下1.72元，股價往下走也就沒有填權息了。由此可見，獲利成長還是衰退，才是決定填權息的重要關鍵。

　　投資人都很喜歡大方的公司，現金股利配越多表示可

以多拿到一點現金，配股票股利則是可以快速增加張數，所以很多人喜歡買進配現金、配股票大方的公司。這裡陳老師要小小的潑一下冷水，除權息參考價的計算公式已經告訴你：除權息前總價值＝除權息後總價值，如果沒有填權息，股利配得再多你都不一定有賺。

A股票
股價100元，配息2元，除息參考價＝98元，除息後總價值
＝2＋98＝100元。

....

B股票
股價100元，配息5元，除息參考價＝95元，除息後總價值
＝5＋95＝100元。

　　A、B股價都是100元，B大方地發放5元現金股利，A只有發放2元，但是除息後的總價值一樣是100元，多領到股利不表示一定會多賺喔！下面拿股利很大方的玉山金，跟股利很小氣的臺企銀（2834）做比較，說明獲利成長比股利還重要。

不能只看配息 獲利成長更關鍵

　　玉山金是許多人喜歡的存股對象，主要原因是同時配發股票和現金股利，拿到錢又可以快速累積張數。來看一下2020～2022年玉山金這3年的股利政策，先說明一下計算方式。

　　原始持有1張玉山金也就是1,000股，2020年發放0.791元現金股利，1張可以得到791元，配發股票股利0.797元，可以拿到79.7股，所以總股數為1079.7股。持續計算到2022年除權息後，總股數會變成1,222.89股，累積領回2,217.22元現金股利。接著以同樣方法計算臺企銀，如圖表1-4-4所示。

圖表1-4-4		玉山金vs臺企銀（股利）									單位：元
股票代號	股票名稱	2020			2021			2022			累積股利
		現金股利	股票股利	除權後股數（股）	現金股利	股票股利	除權後股數（股）	現金股利	股票股利	除權後股數（股）	
2884	玉山金	0.791	0.797	1,079.7	0.61	0.611	1,145.67	0.67	0.674	1,222.89	2,217.22
		791	79.7（股）		658.62	65.97（股）		767.6	77.22（股）		
2834	臺企銀	0.2	0.5	1,050	0.1	0.34	1,085.7	0.1	0.37	1,125.87	413.57
		200	50（股）		105	35.7（股）		108.57	40.17（股）		

可以看出玉山金累計拿回更多的現金跟股票，但是2張股票的股價不一樣，所以還是要算一下總報酬率才能相互比較。

2020年1月2日玉山金股價為27.95元，1張為27,950元，我寫本文時（2023/2/21）股價為24.75元，總股數為1,222.89股，累積領到2,217.22元股利，總價值＝（1,222.89股×24.75元）＋2,217.22元＝32,483.75元，總獲利＝32,483.75－27,950＝4,533.75元，報酬率＝4,533.75÷27,950＝16.2%。依同樣方法計算臺企銀的報酬率，如圖表1-4-5所示。

結果顯示，股利（現金、股票）較少的臺企銀報酬率反而勝出，臺企銀因為2022年獲利年成長將近1倍，股價

圖表1-4-5	玉山金vs臺企銀（報酬）				單位：元
股票代號	股票名稱	2020/1/2股價與價值	2023/2/21股價與價值	獲利	報酬率（%）
2884	玉山金	27.95	24.75	4,533.69	16.2
		27,950	32,483.69		
2834	臺企銀	12.6	13.95	3,519.47	27.9
		12,600	16,119.45		

上漲也拉高了報酬率。至於股利大方的玉山金卻是落後，又是為什麼呢？

　　圖表1-4-6可以看出，玉山金每年大方配發股票股利，導致股本逐年膨脹，2020年後因為疫情影響玉山金獲利，再加上股本膨脹而壓縮EPS，股價上漲無力自然降低了報酬率。

圖表1-4-6	玉山金（2884）股本逐年膨脹 EPS卻沒跟上					
獲利年度	2017	2018	**2019**	2020	2021	2022
配發股票（元）	0.741	0.613	**0.711**	0.797	0.611	0.674
股本（億元）	1,019	1,083	**1,162**	1,257	1,335	1,428
稅後淨利（億元）	148	171	**201**	180	206	158
EPS（元）	1.49	1.58	**1.73**	1.43	1.54	1.1

資料來源：Goodinfo!

　　圖表1-4-7也可以看出，2019年是玉山金的分水嶺，2019年以前儘管年年發放股票股利，但是EPS能夠維持穩定，所以股價有支撐，2019年玉山金獲利大成長引導股價上漲，那一年的報酬率超過50%。但是年年配股導致股本膨脹，2020年後因為降息而縮小銀行的利差獲利；2022

年因為美國通膨嚴重，劇烈升息導致全球股債雙殺，玉山金的獲利創下新低，股價就由高點往下。

　　從股價走勢可以看出，股利的多寡並不是重點，重點還是得投資獲利成長的公司。如果一家公司一直發放股票，那麼一定要注意EPS能否維持穩定，若配股加上獲利成長，則是最佳的狀況，例如2019年的玉山金；如果獲利衰退又繼續配股，則是最不好的，2022年的玉山金也做了完美的說明。

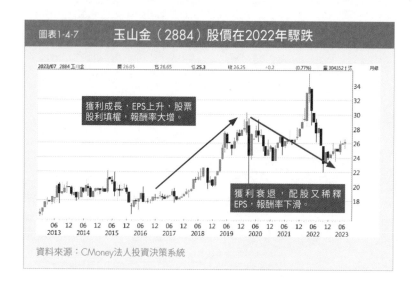

圖表1-4-7　玉山金（2884）股價在2022年驟跌

獲利成長，EPS上升，股票股利填權，報酬率大增。

獲利衰退，配股又稀釋EPS，報酬率下滑。

資料來源：CMoney法人投資決策系統

NOTE

chapter
2
投資金融股前
5 個必懂知識

2-1

拆解金融股
看懂這些分類

金融股因為經營的業務不同,可以區分為金控、銀行、壽險、證券等類別,股性不太一樣,你的投資策略也要跟著調整。

定存應該是最保險的金融商品了,現在銀行都有參加存款保險,保額是300萬元,也就是說如果銀行真的倒了,最多可理賠用戶300萬元,如果你的資金超過300萬元,也可以分散到不同銀行存放。定存雖然可以保證本金無虞,但不保證你不會被通膨侵蝕,其實在通膨率高過定存利率的現在,錢真的是會越存越薄,購買力會逐年下滑,就算保本也沒有用。

所以我們會去尋求一種金融商品,雖然風險比定存高一

點，但是報酬率可以打敗通膨，也就是俗稱的「定存股」，重點在於獲利穩定，配股跟配息也穩定，而且報酬率會打敗「通膨率＋定存利率」。

例如2023年4月通膨率為2.35%，定存利率為1.6%，投資的報酬率要大於3.95%（2.35%＋1.6%），台灣有不少金融股都可以達到這個標準，所以金融股也成為許多投資人喜愛的定存股，把錢放銀行定存會被通膨所侵蝕，還不如存金融股。不過，金融股也有不同種類，股性不太一樣，投資策略也要跟著調整。

依業務不同 區分3大類

金融股因為經營的業務不同，又可以區分為金控、銀行、壽險、證券等類別。「金控」泛指同時擁有銀行、證券或是保險業務中任2項以上的公司，例如國泰金控同時有國泰人壽跟國泰世華銀行等業務。

目前台灣共有14家金控，分別是華南金（2880）、富邦金（2881）、國泰金（2882）、開發金（2883）、玉山金（2884）、元大金（2885）、兆豐金（2886）、台

新金（2887）、新光金（2888）、國票金（2889）、永豐金（2890）、中信金（2891）、第一金（2892）、合庫金（5880）。（註：日盛金已經被富邦金併購）

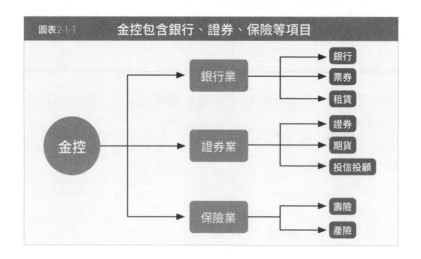

圖表2-1-1　金控包含銀行、證券、保險等項目

①銀行業　主要是從事「授信」業務，例如信貸、車貸與房貸，從中賺取利差。

可以區分為銀行（例如：彰銀、京城銀）、票券（例如：國票、華票）跟租賃（例如：中租-KY、裕融）。其中只有銀行可以對大眾吸收存款（定存、活存），票券與租賃的資金來源為金融同業或是股東。

②證券業 又可以分為證券、期貨與投信投顧。如果營運的標的為股票，就是屬於證券（例如：統一證、群益證），挑選公司重點在於市占率，當然是越高越好；期貨業務為主的則有群益期（6024）跟元大期（6023），收入來源以手續費為主；投信的主要業務是發行基金（例如006208、00878，別忘了，ETF也是基金），投顧就是吸收會員並提供投資建議，也就是一般電視上看到的股市老師。

③保險業 又可以簡單區分為壽險跟產險，壽險是以「人」為保險標的，例如人壽、健康保險；產險則是以「財產」為標的，例如火災、汽車保險。銀行的資金是來自大眾的存款，保險則來自大眾的保費，用保費拿去投資獲利，一旦眼光不準也會遭逢損失，2022年的防疫保單理賠破2,000億元，國泰金、富邦金、中信金、兆豐金的獲利深受影響。

官股跟民營 各有優缺點

金控可以簡單區分為「官股」與「民營」2種，官股金控中以財政部為大股東，董事長、總經理均由官方派任，

3

並受到立法院的監督。官股金控有華南金（2880）、兆豐金（2886）、第一金（2892）、合庫金（5880），特點是最不可能倒閉，這裡補充說明一下，臺企銀（2834）跟彰化銀行（2801）是銀行而非金控，一樣是官股的。

官股金控（銀行）的特點是經營穩健，但是相對於民營金控則略顯保守，沒有全力衝刺壽險等業務，所以獲利也不容易大幅增加。如圖表2-1-2所示，2021年因為降息，資金行情推升股市跟債市，擁有壽險業務的民營金控，因為持有很多股票與債券投資，2021年的獲利大爆發，反觀官股金控，獲利就乏善可陳，無法抓住大多頭。

可是2022年因為美國巨幅升息，導致股債雙殺，有壽

圖表2-1-2	民營金控vs官股金控EPS表現					單位：元
獲利年度	民營金控			官股金控		
	中信金（2891）	國泰金（2882）	富邦金（2881）	兆豐金（2886）	合庫金（5880）	第一金（2892）
2018	1.85	3.95	4.52	2.07	1.24	1.4
2019	2.16	4.76	5.46	2.13	1.33	1.55
2020	2.15	5.41	8.54	1.84	1.24	1.31
2021	**2.73**	**10.34**	**12.49**	**1.89**	**1.51**	**1.52**
2022	1.55	2.58	3.52	1.32	1.44	1.56

險業務的民營金控獲利大幅衰退，反觀官股金控，除了兆
豐金受到防疫保單的傷害外，其餘表現就相對穩健，凸顯
出官股金控的穩健特性。獲利穩健、配息大方成為官股金
控勝出的優點，適合存股族安穩領股利；至於民營金控，
適合抓住時機在低點進場，然後賺取資本利得。

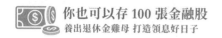

2-2

金融股業務廣泛
如何判斷利多利空？

由於金融股涵蓋各種業務，所以在分析前要先了解公司主要的業務跟獲利來源，才能評估影響股價表現的利多與利空因素。

由於金融股涵蓋了銀行、壽險、證券等業務，所以在分析前要先了解公司主要的業務跟獲利來源，才能評估影響股價表現的利多與利空因素。

①證券為主 獲利受成交量影響

元大金（2885）旗下包含元大證券、元大銀行、元大期貨、元大投信及元大人壽等子公司，從圖表2-2-1可以看出，元大金主要獲利引擎來自證券與銀行，至於人壽、期

貨、投信的業務占比則相對較低。

　　2019年時銀行與證券的獲利相當，但是2020年疫情引發全球降息，壓縮了銀行端的獲利，所以2020、2021年均較2019年衰退。不過有弊就有利，降息後釋出資金進入股市，成交量大增也推升了元大證券的獲利，2021年創下歷史新高。

　　2022年美國升息抗通膨，資金從股市回到銀行，導致元大證券獲利從2021年的232.9億元下降至2022年的

圖表2-2-1　元大金歷年獲利表現　單位：億元

◆ 證券　● 銀行　■ 投信　■ 人壽　□ 其它

元大證券在2021年獲利創新高。

資料來源：元大金

120.52億元，衰退幅度高達48.3%；但是升息拉高的利差，反而有助於元大銀行獲利，此消彼長下，元大金全年稅後純益達214.56億元，年衰退幅度則為38.46%。

元大金的證券、銀行雙獲利引擎，產生了互補的效果，也減少了單一業務的衝擊。所以大多數的民營金控，都是努力配置雙引擎，例如國泰金、富邦金、中信金、開發金……都具備銀行與壽險雙獲利引擎。

投資金融股必須從子公司的獲利來研究，用數字說話才會客觀。一般以為元大金是國內ETF龍頭，元大台灣50（0050）跟元大高股息（0056）更是規模前2大的ETF，元大金靠著這2檔就賺翻？

圖表2-2-2	元大 0050 vs 0056			
股票代號	股票名稱	規模（億元）	經理費（%）	收入（億元）
0050	元大台灣50	3,460	0.32	11.07
0056	元大高股息	2,198	0.3	6.59

資料日期：2023/06/21

其實元大投信最主要是賺取ETF的經理費，儘管0050跟0056合起來規模達5,658億元，但是投信收到的經理

費也只有17.67億元，對於元大金全年破200億元的獲利來說，只是杯水車薪，真正影響元大金獲利的還是證券跟銀行端。

元大是金控，有雙重的獲利引擎，如果是單獨以證券為主要業務的證券股，獲利就會被股市的成交量所影響。統一證（2855）是統一集團在1988年成立，目前位居前10大券商之列，2021年受惠股市大多頭，每股盈餘達2.75元，創下歷史新高，2022年配發1.89元現金股利，年均殖利率達10.3%。

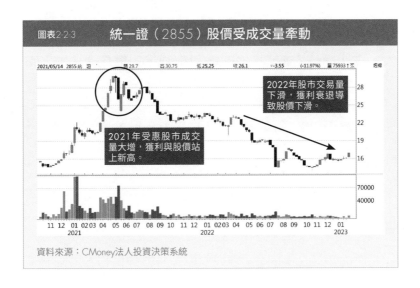

圖表2-2-3 統一證（2855）股價受成交量牽動

2022年股市交易量下滑，獲利衰退導致股價下滑。

2021年受惠股市成交量大增，獲利與股價站上新高。

資料來源：CMoney法人投資決策系統

　　然而2022年股市交易量下滑，EPS只剩下0.501元，股價也從30元高點滑落到17元附近，就算領到1.89元的股利，但也賠上13元價差，完全不划算。證券類股跟股市景氣息息相關，可以算是景氣循環股，所以要倒過來操作：「買在景氣差，賣在景氣好。」做價差會勝過存股領股利。

②銀行為主 關注利息變化

　　有不少金控的獲利是以銀行端為主，例如第一金、兆豐金、合庫金，還有個別的銀行股，接著拿彰銀（2801）當範例，說明影響獲利的主要因素。彰銀最主要的獲利來源是「利息淨收益」，也就是房貸、信貸等收入，占比高達7成，其他的獲利來源是手續費淨收益及其他收益。

　　從圖表2-2-5可以看出彰銀2019年前的獲利很穩定，EPS都超過1元，但是2020、2021年則是衰退到近乎腰斬，主要原因是降息導致利差減少，利息淨收益下滑而影響到EPS。

　　然而2022年開始了升息循環，彰銀的EPS也回升到

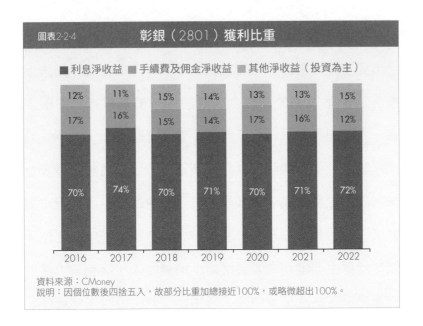

圖表2-2-4 彰銀（2801）獲利比重

■利息淨收益 ■手續費及佣金淨收益 ■其他淨收益（投資為主）

	2016	2017	2018	2019	2020	2021	2022
其他淨收益	12%	11%	15%	14%	13%	13%	15%
手續費及佣金淨收益	17%	16%	15%	14%	17%	16%	12%
利息淨收益	70%	74%	70%	71%	70%	71%	72%

資料來源：CMoney
說明：因個位數後四捨五入，故部分比重加總接近100%，或略微超出100%。

1.04元，2023上半年美國、台灣持續升息，彰銀前5月累計稅後盈餘58.29億元，相較於前一年度同期成長37.19%，稅後每股盈餘（EPS）達0.55元。可以看出彰銀的獲利，也隨著升息逐步提升。所以銀行為主的金控，必須要關注美國的升、降息。

圖表2-2-5 彰銀（2801）歷年獲利表現

獲利年度	2017	2018	2019	2020	2021	2022	2023前5月
EPS（元）	1.28	1.29	1.16	0.68	0.84	1.04	0.55

③壽險為主 觀察利率政策

開發金（2883）成立於 2001 年，並在同年掛牌上市，旗下重要子公司包含凱基證券、凱基銀行、中國人壽、中華開發資本、中華開發資產管理等。

其中，中華開發資本與資產管理，是以直接投資及企業融資為主要業務，大多是經由財報中的損益表進行市價評價，在台灣創投及私募股權市場具有舉足輕重的地位；凱基證券主要獲利來源為經紀手續費收入，獲利與大盤成交量呈現正向關係；中國人壽主要獲利來源除了保費外，還有投資收益，獲利與資本市場的多空有關。

2021年開發金稅後純益達350億元，創下歷史新高，旗下子公司凱基證券受惠股市成交量大增，稅後純益129億元，也創歷史新高；中壽自2021年12月30日成為開發金控100%持有之子公司，受惠降息引導股債雙漲，稅後純益達285.4億元，年成長84%，創下歷史新高，且貢獻金控約134.5億元。

然而2022年升息引發股債雙跌，台美利差擴大也影響壽險業務營運表現，導致開發金全年稅後獲利僅163.92億

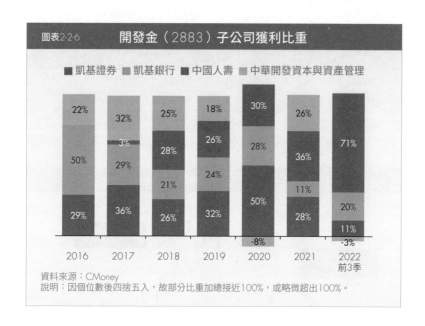

圖表2-2-6　開發金（2883）子公司獲利比重

■ 凱基證券　■ 凱基銀行　■ 中國人壽　■ 中華開發資本與資產管理

資料來源：CMoney
說明：因個位數後四捨五入，故部分比重加總接近100%，或略微超出100%。

元，每股盈餘0.98元，年減高達53%。由此可見，開發金
併購中壽之後，也成為壽險為主要獲利來源的金控。

　　從圖表2-2-7可以看出，壽險為主的金控，獲利與利
率政策有很大的關聯性，在2020～2021年降息期間，
獲利均大幅攀升；但是2022年升息之後，獲利也隨之下
滑。（註：2022年因防疫保單虧損，也降低中信、國
泰、富邦的獲利）

　　高利率其實對經濟不利，假設房貸利率升到5%，大

圖表2-2-7	壽險為主金控EPS				單位：元
年度	中信金	國泰金	富邦金	開發金	備註
2020	2.15	5.41	8.54	0.87	降息
2021	2.73	10.34	12.49	2.34	
2022	1.55	2.58	3.52	0.98	升息

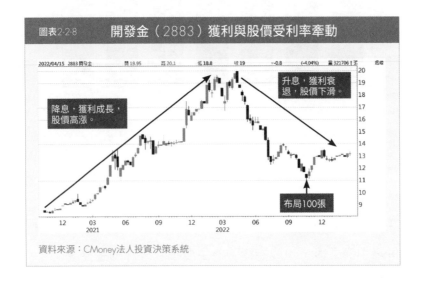

圖表2-2-8　開發金（2883）獲利與股價受利率牽動

降息，獲利成長，股價高漲。

升息，獲利衰退，股價下滑。

布局100張

資料來源：CMoney法人投資決策系統

家就不想買房子了，銀行賺不到房貸，建商賺不到錢，鋼鐵、水泥的需求也會停頓，經濟就會下滑。

升息是打壓通膨的不得已手段，聯準會也釋出等待通膨緩和後，2024年不排除開始降息。我預期開發金的獲利也會隨著往後降息而上升，便在2022年底逢低買進了

100張開發金，因為壽險為主的金控，要買在高利率（獲利少），然後賣在低利率（獲利高）。

2-3

看懂4大指標
評估銀行體質

銀行最希望不斷增加存款餘額（大家把錢存進來），同時增加放款餘額（盡量把錢借出去），提高存放比率才能得到最大獲利。

在檢視銀行業資產體質與安全性時，通常會以4大指標來觀察：存放比率、逾放比率、活存比率、存放利差，以下將逐一說明各項指標的意義及運用方式。

指標①：存放比率

定義：評估銀行資金的使用效率

公式：存放比率＝（放款餘額 ÷ 存款餘額）×100%

銀行主要是收取大眾存進來的錢，這筆錢是存款戶的資產，對於銀行來說就是負債，因為必須付利息給存款戶。

那麼銀行是怎樣運作的？當銀行收到存款時，首先要提列一定額度的存款準備金，預備存款戶隨時來銀行領錢之用。剩下的資金，銀行才可以拿去放款、投資、與各法人進行換匯交易，並從中謀取穩定的現金流，達到獲利的目的。

其中最大的資金用途就在於「放款」給法人、政府、個人等等，當存放比率越高，表示放款的額度也越多，就可以收到越多的放款利息，意味著銀行並沒有浪費這些存款戶的錢。如果存放比率過低，表示放款的效率太低，銀行沒有把這些錢拿去賺錢，也只是增加支付給存款戶利息的負擔罷了。

銀行最希望的還是不斷增加存款的餘額（大家把錢存進來），也增加放款的餘額（盡量把錢借出去），由此來增加存放比率，才能得到最大的獲利。如果只是因為存款餘額下降（分母變少），造成存放比率的提升，雖然負擔

的利息支出變少了，但相對放貸出去的金額也跟著變少，也就減少了獲利。畢竟銀行需要按照一定的比率提列存款準備金，這些存款準備金不能被當作任何獲利的運用，所以吸收進來的存款要越多越好。

圖表2-3-1可以看出第一金（2892）近年存款與放款均不斷地增加，但是2020年起受疫情影響放款謹慎，導致存放比率下降。

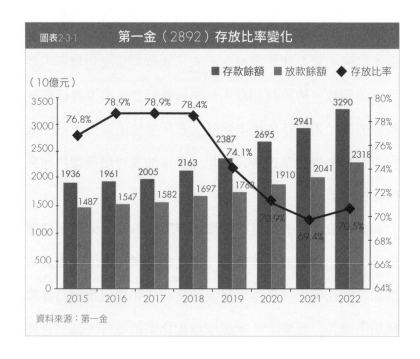

圖表2-3-1　第一金（2892）存放比率變化

資料來源：第一金

指標②：逾放比率

定義：評估銀行的放款品質
公式：逾放比率＝（逾期放款 ÷ 放款餘額）×100%

逾期放款的定義是：「借款人積欠本金或利息超過清償期限3個月，或是雖然未超過3個月，但銀行已經向債務人追訴或處分擔保品的放款。」簡單來說，就是該清償而沒有清償的放款或其他授信款項。

用白話文來說，就是朋友跟你借錢，卻一直拖著不還你，這筆借款將來有可能收不回來。在2008、2009年金融海嘯時，本國銀行的平均逾放比率明顯偏高，就是有些企業無力準時償還銀行的貸款，而成為呆帳。當銀行的逾放比率高於同業平均，放款品質相對較差；當銀行的逾放比率低於同業平均，放款品質相對較佳。

圖2-3-2可以看出，第一銀行的逾放比率超越同業平均，表示放款品質劣於同業。主要原因是放款結構中有高達4成屬於中小企業，違約率比較高。但是中小企業的放款

利率也相對較高，這就是高風險高報酬的概念，因此整體而言第一銀行的存放利差得以優於同業。

圖表2-3-2　**第一銀行逾放比率高於同業**　單位：%

■ 第一金逾放比率　　■ 銀行平均逾放比率

資料來源：第一金

指標③：活存比率

定義：評估銀行的資金成本壓力

公式：活存比率＝（活期存款餘額 ÷ 總存款餘額）×100%

一般民眾放在銀行的存款，可以概分為「定存」跟「活存」2種，大家都知道，定存的利率絕對會大於活存利率，如果銀行接受的定期存款越多，支出的利息相對的也會比較高。相反地，如果銀行吸收的活期存款比較多，也就是活存比率越高，就可以支付越少的利息，也就會增加獲利。

圖表2-3-3	台灣銀行定存vs活存利率	
類別	期別	利息（%）
定期儲蓄存款	3年	1.66
	2年～未滿3年	1.625
	1年～未滿2年	1.6
活期儲蓄存款	無限期	0.7

資料日期：2023/06/22

雖然前面提到第一銀行的存放比率下降，不過2019～2021年因為定存利率太低，大家不想存定存，使得活存比率不斷攀升，降低了銀行資金成本壓力。2022年因為升息，定存需求再度增加，大家又把錢拿去銀行存定存，導致活存比率下滑。

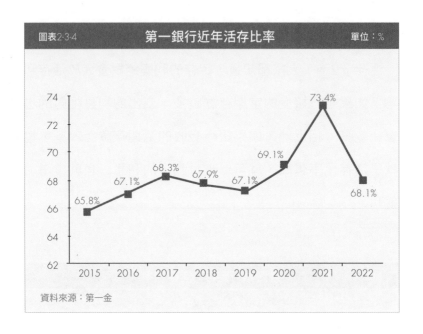

圖表 2-3-4　第一銀行近年活存比率　　　單位：%

65.8% 67.1% 68.3% 67.9% 67.1% 69.1% 73.4% 68.1%

2015 2016 2017 2018 2019 2020 2021 2022

資料來源：第一金

指標④：存放利差

定義：評估銀行的放款獲利空間
公式：存放利差＝放款利率－存款利率

　　銀行必須付給存款戶利息，這是銀行要付出的成本，
假設定存利率為1.6%，當銀行將這些資金放貸出去，取得
的放款利率就是銀行的收入，假設房貸利率為2.1%，兩者

之間的利息差異（存放利差＝2.1%－1.6%＝0.5%），就是
銀行的獲利空間，當利差越大時，銀行的利潤也就越大。

　　利差的大小跟利率政策有關，升息會增加放款的利
率，但是定存（固定利率）並不會馬上提高利率，而一般
活存利率的增加幅度也很有限，所以升息會馬上增加存放
利差。

　　圖表2-3-5拿第一金做說明，2019年美國開始降息，
2020年又因疫情影響使得全球降息，2020、2021年總存

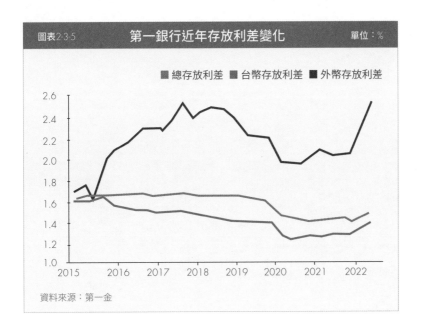

圖表2-3-5　第一銀行近年存放利差變化　　單位：%

■總存放利差　■台幣存放利差　■外幣存放利差

資料來源：第一金

放利差便快速下滑。但是2022年開始升息，存放利差也開始擴大；因為美元升息最猛，所以外幣存放利差的上升幅度也最大。

最後來做個重點結論：

指標①存放比率：比率越高，資金運用效益越高。

指標②逾放比率：低於同業平均，放款品質較佳。

指標③活存比率：比率越高，資金成本越小。

指標④存放利差：利差越大，放款獲利空間越大。

2-4

現金增資減資
解讀背後意義

新聞上常常聽到某家公司要辦理現金增資或減資，若能搞懂這些動作背後具備的意義，就能判斷一檔股票的買進時機。

．．

什麼是現金增資？當公司為了擴大經營規模、改善財務結構，就需要增加經營的資金。通常是透過發行新股票，開放特定人士（股東、員工、市場投資人）認購，來達到籌措資金的目的。

現金增資 就是跟股東要錢

簡單來說，現金增資就是跟股東要錢，但是當企業在營運狀況不佳時辦理現金增資，投資人就要多留意。

記得在民國80年代，我媽媽投資一家未上市的電子公司，由於公司連年虧損，於是辦理現金增資來補破網，我還記得當時帶著48萬元的現金去銀行繳款，參與現金增資，但是公司最後也倒閉了，那筆48萬元當然是有去無回。

要是公司連年虧損再來跟股東要錢，投資人要很謹慎，當心肉包子打狗有去無回；如果是公司獲利穩定，需要資金來擴大經營規模，這種現增就可以參加，並可以從中獲利。

舉例來說，2022年11月30日國泰金（2882）推出史上最大規模的現增案，公布每股現增價為35元，以當日股價43.8元計算，每股有8.8元（43.8－35）的價差，算是非常不錯，那麼要如何參加現金增資？

首先是要先持有股票，具有股東的身分才可以參加，當時國泰金現增的最後過戶日為12月6日（週二），往前推2個交易日也就是要在12月2日（含）之前持有國泰金股票，才可以參加現金增資。

那麼買進1張的話，可以賺多少錢呢？由公告得知持有1張可以認購新股81.61股，以1股價差8.8元計算，可以賺81.61×8.8＝718元，但是你要先拿出4.38萬元買進1張，

所以報酬率為718÷43,800=1.64%，其實也不會太迷人。

公司具成長性 參加增資賺價差

參加現增也不一定穩賺，萬一將來股價下跌，例如跌到每股40元，你買在43.8元的話1張就會賠掉3,800元，超過現增認股所賺到的錢。但是因為我看好國泰金的未來表現，願意長期持有而不在乎股價的短期波動，就打算參加現增順便進行套利，於是在公司釋出現增消息後，我買進了50張（平均成本37.78元），原因有：

①股價上漲 現增通常會存在價差，才可以吸引投資人繳款。價差也會吸引投資人買進股票，我提前布局買進就能夠等別人幫我抬轎。

②現增價差 以我的50張持股可以認購81.61×50＝4,080股，如果1股賺到8.8元的價差，那麼50張就可以獲利8.8×4,080＝35,908元。

從圖表2-4-1可以看出，隨著最後過戶日的逼近，國泰金股價也被買盤拉升到44元，我買進的50張賺到31萬元的價差，這才是我要的大錢。相較之下，現增認股的價差為

3.59萬元，只能算是小菜一碟。

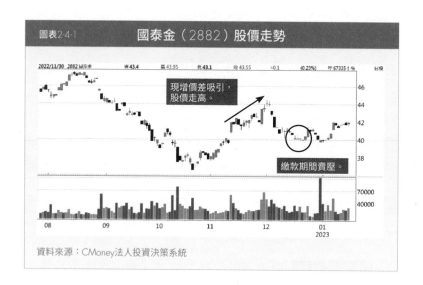

圖表2-4-1　國泰金（2882）股價走勢

2022/11/30 2882 收盤中　開 43.4　高 43.95　低 43.1　收 43.55　-0.1　(0.23%)　量 67335 1 �

現增價差吸引，股價走高。

繳款期間賣壓。

資料來源：CMoney法人投資決策系統

　　由於看好國泰金長期發展，我當然是有去繳款參加現增，但是認購4,080股需要4,080×35＝14.28萬元，錢從哪裡來？最簡單的方法就是賣老股來認新股，在12月6日最後過戶日之後，如果賣掉3.32張（假設1股43元），拿到14.28萬元就能夠認購4,080股了，如此一來，我持有的股數還會增加4,080－3,320＝760股。

　　國泰金現增股款繳納期間為2022年12月14日～12月

22日，必須要在這段期間內繳款，沒錢認購或是不想參加現增的人，不要去繳款即可，會被視同自動放棄。不過我覺得繳款截止前只要股價高過35元，你至少可以用賣老股認新股的方法來賺價差，所以一定要去參加。

由於不是每個人都有錢去認購新股，不少人會採用賣老股認新股的方式操作，短期間國泰金的股價就會出現賣壓，從圖表2-4-1可以看出，股價隨著賣壓而往下。所以，如果你要採用賣老股認新股的方式，可能要早一點賣出才會有好價錢。至於空手的投資人，反而可以在這段期間等便宜再來買進，儘管已經無法參加現增，但是買到便宜也是划算的。

我是直接拿錢去認購，我的持股變成了54.08張，而且每股的平均成本還會降低到（37.78×50＋4.08×35）÷54.08＝37.57元，也算是微幅下降了。長期投資通常表示你看好公司的未來，建議一定要參加現增，因為會增加張數並且降低總成本。

現金增資後會因股本膨脹而稀釋EPS，該擔心嗎？現增前國泰金股本為1,317億9,200萬元，在現金增資15億股

後，股本會提升到1,467億元，相當於增加11.4%。其實股票股利也叫做「盈餘轉增資」，就是把應該給股東的盈餘轉換成為股票，也等於是在現增跟股東拿錢。不管是現增還是股票股利，重點在於公司獲利能否等比例提升，本單元先討論現金增資，至於國泰金適不適合長期投資？後面的章節再來跟大家分析。

現金減資 有 4 個目的

減資與增資相反，就是減少公司的資本額，讓在外流通股數變少、股本變小的手段，減資的主要目的有：

①增加淨值 當每股淨值低於10元，股票會被取消信用交易；一旦公司每股淨值低於5元，股票將被變更為全額交割。如果公司想要增加每股淨值，最簡單的方法就是進行減資。

②彌補虧損、改善財務報表 減資後股本會變小，EPS與ROE（股東權益報酬率）就會變大，有助於拉升股價，甚至有機會從虧損到能發放股息。

③現金過多 公司帳上現金過多，但沒有重大的資本支

出（擴廠或是併購），因此透過減資把現金退還給股東。減資算是拿回自己的資本，所以不用課稅，通常也被用來作為大股東的避稅方式。

④回購股票 當公司認為自己的股票價格被市場低估，可以利用公司的現金買回自家股票，然後註銷股本來提高EPS，股價就有機會往上。例如2022年9月30日，京城銀（2809）庫藏股註銷減資0.89%，不過這種減資方法，股東無法拿到錢。

現金增資並不會影響股價，但是減資後股價會提升，圖表2-4-2拿長榮（2603）來做說明。減資前一日（2022/9/6，9/7~9/16暫停交易） 長榮收盤價為80.8元，減資6成表示每股拿回6元現金（1股面額為10元），減資後1股變成0.4股（股票剩下40%）。

減資6成後股本縮小為0.4倍，如果獲利不變則EPS會膨脹為2.5倍（EPS＝稅後淨利÷在外流通股數，股本變小，EPS自然被拉高），對於維持高股價會有幫助。但減資是雙面刃，因為一旦虧損，也會被放大成2.5倍，股價下殺也會很恐怖，所以要關注往後的獲利發展。

減資的計算方法：減資前後總價值不變。

減資前價值：80.8 元。

減資後價值：6 元＋ 0.4 股 × 減資後股價。

減資前＝減資後：80.8 ＝ 6 ＋ 0.4× 減資後股價，減資後股價 ＝187 元。

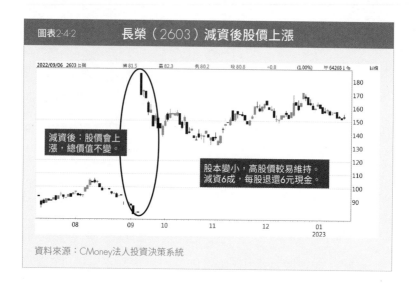

圖表2-4-2　長榮（2603）減資後股價上漲

減資後：股價會上漲，總價值不變。

股本變小，高股價較易維持。減資6成，每股退還6元現金。

資料來源：CMoney法人投資決策系統

　　現金增資表示公司缺乏資金，現金減資則是公司有錢卻沒地方花，其實都不能說是好現象，好公司應由營運來產生現金流，不隨便現增或是減資。

最後來總結一下現增與減資的不同:

- 資金:現增是跟股東要錢,減資則是退錢給股東。

- 股價:現增後股價不變,減資後股價會變高。

- 稅金:減資是拿回自己的錢,不用繳所得稅,所以老闆喜歡減資。

- 經營:現增要注意是否公司經營不善,減資則要注意是不是打消虧損。

- 體質:現增跟減資都是在調整公司體質,注意往後獲利有無上揚。

2-5

低價金融股有好有壞
體質最重要

10 元以下的金融股可以撿便宜嗎？便宜一定有它的理由，在了解
原因之前不建議長期投資。

··

你可能會想說，反正金融股很難倒閉，可不可以挑
便宜的買，10塊以下最好呢？金融股上市時1股
的面額是10元，如果股價還低於面額，就一定會有它的
負面原因。

　　拿新光金（2888）做一個例子，前老闆最大的政績是
高價買了宏達電（2498），代價是賠掉信義區2棟大樓，
其實上網搜尋一下「新光金、公司治理」，你大概就會知
道為何股價長期低於面額的10元了！

低殖利率金融股 適合波段操作

看一下最近幾年新光金的獲利表現，有幾個特點：

①獲利不穩 新光金雖然是以壽險、銀行並重的金控，但是投資決策（宏達電案）也深深影響公司獲利，同時考驗經營者的智慧。壽險業務對股債市非常敏感，2021年股債雙漲（大好）、2022年股債同跌（大壞），就出現極端值。

②低殖利率 儘管過去幾年獲利都超過1元，但是股利卻只有少少的零點幾元。賺得多卻配得少，顯然不受到市場買單，股價缺乏動能。

③與台新金合併 傳聞已經很多年，合併的話有助於業務互補，可以發揮一加一大於二的效益。但是比較麻煩的

圖表2-5-1	新光金（2888）歷年財務數字			單位：元
年度	股利	年均股價	年均殖利率（%）	EPS
2017	0.204	8.73	2.34	1.05
2018	0.48	11.3	4.26	0.89
2019	0.2	9.25	2.16	1.6
2020	0.388	8.6	4.51	1.12
2021	0.4	9.48	4.22	1.67
2022	0.4	9.34	4.29	0.11

是未來的換股比例，以及誰當頭？如果是新光金主導，那麼我會比較保守，畢竟台新金（2887）過去的經營績效，好過新光金。

新光金的好處是不會倒閉，而且公司也是有在賺錢，只是眾多的爭議讓它的股價趴在下面。然而不高的殖利率，也表示不適合存股領股利，那麼就只能做價差啦！從圖表2-5-2可以看出，新光金股價長期在10元上下盤整，明顯適合低進高出做價差。

壽險為主的金控（國泰、富邦、新光）長期的操作價

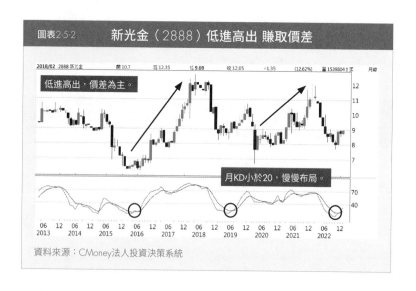

圖表2-5-2 新光金（2888）低進高出 賺取價差

資料來源：CMoney法人投資決策系統

位，我會參考月KD，20以下慢慢買進，80以上逐漸賣出，做價差會勝過定存。不過還是要提醒一下，技術指標永遠僅供參考，所以要分散資金慢慢布局，不要一次就全押。

10元以下的金融股可以撿便宜嗎？便宜一定有它的理由，在了解原因之前不建議長期投資。新光金也算是大到不會倒，只要買得夠便宜，領股利、賺價差是兩相宜，但是過去公司治理存在著不確定性，所以我喜歡做波段價差而不長期持有。

2023年6月9日新光金（2888）股東會改選變天，由改革派拿下10席董事，公司派只有拿下5席，至於往後能否浴火重生，還有待時間來證明。

chapter
3
大到不能倒
投資官股金控安心領息

3-1

殖利率較高
官股適合領息族

官股金控的優點是有財政部監督，體質相對健全，有了政府當靠山，不用擔心會倒閉，適合存股領股利來創造現金流。

什麼是官股金控（銀行）？其實在早期台灣的銀行都屬於公家單位，後來開放民營銀行，公家銀行也轉型成民營化，但是仍在財政部的掌控之下（官股民營），所以就被稱作官股銀行。

以合庫金（5880）為例，前身為「臺灣省合作金庫」，後來在2011年成立金控並掛牌上市，旗下子公司包含合庫銀行、合庫票券、合庫證券、合庫資產管理公司、合庫投信、合庫創投等，另外還有一家與法國巴黎銀行集團旗

下子公司策略聯盟合資成立的子公司合庫人壽，合庫金持股比率達51%。

　　觀察主要股東結構，財政部為最大股東，其餘主要股東也都具有官方色彩，儘管官股比例沒有過半，但是其他民間股東仍會「禮讓」財政部的決策，因此公司經營依然以財政部馬首是瞻。

　　官股金控的優點是有財政部的監督，體質相對健全，而且有了政府這個大靠山，不用擔心會倒閉，適合存股領股利來創造現金流。

盈餘挹注國庫 配息相對大方

　　由於官股金控必須將盈餘挹注國庫，因此在配息上

圖表3-1-1	合庫金（5880）主要股東	
股東名稱	持有股數	持有比例（％）
財政部	3,651,323,296	26.06
中華郵政股份有限公司	530,081,132	3.78
臺灣菸酒股份有限公司	319,436,485	2.28
中華民國農會	217,013,512	1.54
新制勞工退休基金	100,400,856	0.71
合計	4,818,255,281	34.4

資料日期：2022/12/31

也會相對大方。從圖表3-1-2可以看出，官股的兆豐金（2886）、合庫金、第一金（2892）盈餘分配率約8成，表示將80%的獲利回饋給投資人；民營金控則平均不到5成，表示公司賺得多卻配息少，相對顯得小氣。

圖表3-1-2	民營vs官股金控盈餘分配率					單位：%
	民營			官股		
獲利年度	中信金（2891）	國泰金（2882）	富邦金（2881）	兆豐金（2886）	合庫金（5880）	第一金（2892）
2018	54.1	38	44.2	82.1	84.7	78.6
2019	46.3	42	36.6	79.8	86.5	87.1
2020	48.8	46.2	46.8	85.9	84.7	76.3
2021	45.8	33.8	32	87.3	86.1	78.9
2022	64.5	34.9	56.5	100	69	70.5
平均	51.9	39	43.2	87	82.2	78.3

配息大方也展現在殖利率上面，官股金控的平均殖利率也勝過民營金控，然而2022年民營的殖利率較高，原因有2個：

①壽險貢獻 3家民營的中信金（2891）、國泰金（2882）、富邦金（2881）都有壽險業務，受惠2021年股債雙漲獲利大增，因此在2022年發放較高的股利，也拉

高了殖利率。

②股價上漲 官股金控的股利穩定，但是受惠大盤指數上漲，股價多在相對高點，也就拉低了官股金控2022年的殖利率。

直到2022年受到美國大幅升息影響，加上防疫保單拖累，壽險金控的獲利都大幅衰退，就可以看出民營的獲利並不穩定。官股金控主要業務以銀行為主，長期的獲利會相對穩定，殖利率也會較高。

然而世事並無絕對，官股金控大方發股利，也就沒有多少資金可以擴展業務；反觀民營金控雖然配息小氣，優

圖表3-1-3	民營vs官股金控年均殖利率					單位：%
股利發放年度	民營			官股		
	中信金（2891）	國泰金（2882）	富邦金（2881）	兆豐金（2886）	合庫金（5880）	第一金（2892）
2018	5.08	4.79	4.53	5.76	5.94	4.93
2019	4.77	3.53	4.47	5.81	5.23	5.01
2020	5.05	5.02	4.67	5.65	5.69	6.18
2021	4.66	4.68	5.84	4.89	4.84	4.46
2022	5.05	6.86	6.33	4.64	4.84	4.58
平均	4.92	4.98	5.17	5.35	5.31	5.03

說明：表格中數字為現金股利＋股票股利的年均殖利率

點是可以保留多一點的資金來衝刺業務。

從圖表3-1-4可以看出民營金控的獲利成長性較大，官股金控則相對穩定。官股金控的特點就是一個「穩」字，獲利穩定、配息大方，加上不會變壁紙的優點，適合領股利為主的存股族，特別是退休人士可以很安心養老。

圖表3-1-4	民營金控vs官股金控獲利表現					單位：億元
獲利年度	民營			官股		
	中信金（2891）	國泰金（2882）	富邦金（2881）	兆豐金（2886）	合庫金（5880）	第一金（2892）
2018	360	515	477	281	156	173
2019	429	628	585	290	172	194
2020	429	746	903	250	166	168
2021	542	1,395	1,446	257	205	197
2022	336	380	467	183	208	206
平均	419	733	776	252	181	188

3-2 以第一金為例

官股3大投資策略
買在高點還是賺

大型金控由於配息穩定,股價通常也穩定,所以不要太關心股價,採用定期定額的方式持續增加張數,安穩領股利就遠勝定存。

官股金控大到不會倒,而且獲利跟配息都很穩定,投資的主要策略就是「張數多、分散」。儘管不會倒閉,但分散投資還是需要的,例如兆豐金(2886)在2022年受到防疫保單虧損的侵蝕,導致獲利跟股利衰退,如果單獨重押一檔兆豐金就會受傷。要是將資金分散到兆豐金、第一金(2892)、合庫金(5880)這3家官股金控上面,就可以減少單一公司的風險。

圖表3-2-1統計3家公司3個年度、總共300張股票的股

利所得，平均1年可以領到約48萬元（配股用年均股價計算），也就是每個月4萬元，相信對你的退休生活會有不小的幫助。其中2021年股利相對較少，是因為2020年受到疫情衝擊導致獲利衰退，可以當成單一事件看待，來到2022年時股利又大幅增加，說明官股金控體質穩健，會在利空後快速恢復。

上班的小資族儘管知道官股金控就是要「分散投資」跟「張數多」，但是存300張也要不少錢啊！其實只要時間夠長，小小的種子也可以長成參天大樹。投資人可先鎖定1

圖表3-2-1	兆豐金、合庫金、第一金各持有100張的股利總和						
年度	股票名稱	現金股利（元）	領到現金（萬元）	股票股利（元）	領到股票（張）	股票價值（萬元）	股利合計（萬元）	總和（萬元）
2020	兆豐金	1.7	17	0	0	0	17	48.6
	合庫金	0.85	8.5	0.3	3	6.06	14.56	
	第一金	1.05	10.5	0.3	3	6.54	17.04	
2021	兆豐金	1.58	15.8	0	0	0	15.8	39.88
	合庫金	0.85	8.5	0.2	2	4.34	12.84	
	第一金	0.9	9	0.1	1	2.24	11.24	
2022	兆豐金	1.4	14	0.25	2.5	8.9	22.9	56.21
	合庫金	1	10	0.3	3	8.07	18.07	
	第一金	1	10	0.2	2	5.24	15.24	

支股票，例如先存100張合庫金，再靠著合庫金的股利幫忙存100張第一金，最後用合庫金跟第一金的股利幫你存兆豐金，相信很快就會存到100張。

官股配息穩定 時間是複利推手

存股的過程中，不可避免會碰到股價的波動，下面來分享一下官股金控的3大存股策略：

策略①股價不漲就領股利

大型金控由於配息穩定，股價通常也很穩定，所以不要太關心股價，可以採用定期定額的方式持續增加張數，安穩領股利就遠勝定存。

策略②低價時勇敢買進

要相信官股金控一定不會倒閉，當股價便宜的時候就要勇敢買進，不僅可以降低持股成本，更可以快速累積持股的張數。

策略③時間是最好的朋友

我常常覺得存股就是「台上3分鐘，台下10年功」，我也是辛苦從2008年開始存，到現在才可以每年從金融

股領到300萬元的股利。我相信時間是複利的最大推手，只要努力存股累積張數，股價總有一天會漲上來，到時候「價差跟股利」也會百倍奉還。

接著拿第一金當範例，用實際案例說明如何運用這3大策略。假設投資人在2017年7月用高價的20.7元買進10張第一金，買在相對高點也就算了，隨即爆發的慶富詐貸案對第一金造成0.4元EPS的損失，然後在2020年又受到疫情影響，股價最低跌到17.2元。

那麼投資人的10張股票有賠錢嗎？別忘了第一金是不

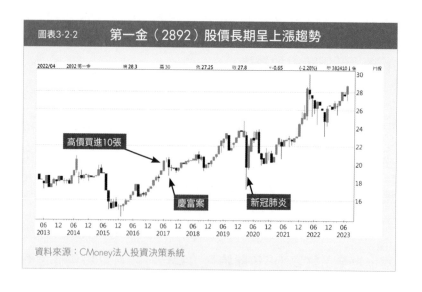

圖表3-2-2　第一金（2892）股價長期呈上漲趨勢

資料來源：CMoney法人投資決策系統

會倒的官股金控，持續用現金股利買回股票，並利用配股來增加張數，到了2022年除權息後已經累積到14.44張，如圖表3-2-3所示。

用2023年6月19日的收盤價27.8元計算，總價值為14.44張×27.8元＝40.14萬元，買進10張的成本為20.7萬元，獲利為40.14萬－20.7萬＝19.44萬元，報酬率為19.44÷20.7＝93.9%。儘管買在當時的高價位，又碰到慶富案跟疫情2大利空，依然賺到了93.9%，可以看出長期投資官股金控，領到股利持續買回，賺錢的機率非常高。

如果善用利空造成的低價，加碼買進便宜的股票，會不會增加報酬呢？2017年8月因為慶富案連環爆，第一金

圖表3-2-3		2017年高價買進第一金（2892）長期仍獲利						
股利發放年度	除權息前張數	現金股利（元）	配發現金（元）	股息買回張數	股票股利（元）	配股張數	平均股價（元）	除權息後張數
2017	10	1.2	12,000	0.63	0.2	0.2	19.1	10.83
2018	10.83	0.9	9,745	0.48	0.1	0.11	20.3	11.42
2019	11.42	1	11,417	0.52	0.1	0.11	21.9	12.05
2020	12.05	1.05	12,655	0.58	0.3	0.36	21.8	12.99
2021	12.99	0.9	11,695	0.52	0.1	0.13	22.4	13.65
2022	13.65	1	13,646	0.52	0.2	0.27	26.2	14.44

股價最低來到18.65元，假設在19元加碼10張，從2018
年開始參與除權息並長期持有，報酬率又會是多少呢？

從圖表3-2-4可以看出，到2022年底已經累積到13.34
張，用股價27.8元計算，總價值為13.34張×2.78萬＝
37.1萬元，買進10張的成本為19萬元，獲利為37.1萬－19
萬＝18.1萬元，報酬率為18.1÷19＝95.3%。不僅較之前
的93.9%報酬率增加，逢低加碼還讓你多賺了18.1萬元。

圖表3-2-4	遇慶富案逢低加碼第一金（2892）							
股利發放年度	除權息前張數	現金股利（元）	配發現金（元）	股息買回張數	股票股利（元）	配股張數	平均股價（元）	除權息後張數
2018	10	0.9	9,000	0.44	0.1	0.1	20.3	10.54
2019	10.54	1	10,543	0.48	0.1	0.11	21.9	11.13
2020	11.13	1.05	11,687	0.54	0.3	0.33	21.8	12
2021	12	0.9	10,800	0.48	0.1	0.12	22.4	12.6
2022	12.6	1	12,602	0.48	0.2	0.25	26.2	13.34

2020年3月因為疫情爆發全球股災，第一金股價最低來
到17.2元，如果在18元時繼續加碼10張，同樣累積到2022
年底會有11.98張（圖表3-2-5），總價值為11.98張×2.78

萬＝33.3萬元，買進10張的成本為18萬元，獲利為33.3

萬－18萬＝15.3萬元，報酬率為15.3÷18＝85%。

圖表3-2-5		遇新冠肺炎繼續加碼第一金（2892）						
股利發放年度	除權息前張數	現金股利（元）	配發現金（元）	股息買回張數	股票股利（元）	配股張數	平均股價（元）	除權息後張數
2020	10	1.05	10,500	0.48	0.3	0.3	21.8	10.78
2021	10.78	0.9	9,703	0.43	0.1	0.11	22.4	11.32
2022	11.32	1	11,323	0.43	0.2	0.23	26.2	11.98

獲利不二法門：長期投資＋逢低加碼

統計前面3次操作，發現在2017年7月買進的10張，儘管買進的價位最高，但是參與了2017～2022年共6年的股利發放，總獲利反而是3次操作中最高的。

至於在2017年8月因慶富案而加碼買進的，因為已經過了2017年的除權息，只能參與2018～2022年共5年的配股配息，總獲利為較少的18.1萬元，但是因為買進成本較低，所以報酬率稍微高了一點。

最後在新冠疫情期間加碼的10張股票，因為只參加2020～2022年這3年的配股配息，獲利為最少的15.3萬

元，3年報酬率為85%，不過年化報酬率高達22.5%，反而
是最高的。

圖表3-2-6　長期投資＋逢低加碼第一金（2892）績效			
投資操作	長期投資	慶富案加碼	新冠疫情加碼
張數	10	10	10
買進價位（元）	20.7	19	18
總獲利（萬）	19.44	18.1	15.3
報酬率（％）	93.9	95.3	85

從上面的說明，可以濃縮出下列的重點：

①長期投資 儘管第一次買在最高點，但是持有時間最
長，領到的配股配息也最多次，總獲利反而最高。

②利空因素 慶富案是第一金自身控管不嚴，但僅影響
1年的獲利與配息；新冠疫情則是系統性風險，與第一金本
身的經營無關，因一次性或系統性利空而導致股價大跌，
都是加碼的時間點。

③增加獲利 2次的逢低加碼，合計增加了18.1萬＋
15.3萬＝33.4萬元的獲利，可以看出長期投資必須要搭配

逢低加碼，才能快速增加報酬。官股金控的體質穩定，大到不會倒，2020年股災導致股價重挫時，反而提供最佳的買點，可以得到最好的年化報酬率。

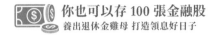
3-3　以合庫金為例

每月買1張
13年存300張股票

**有紀律地定期定額買進，並將股利持續買回，時間就會用複利幫
你的資產一暝大一寸。所以別再遲疑，趕快加入存金融股的行列。**

記得我新家正在蓋的時候，我喜歡跑到工地視察，
發現花最久時間的就是挖地基，花了快1年，但是
一旦地基完工後，每蓋1層只要2個禮拜，大樓一下子就
蓋好了。

存股票也跟蓋房子一樣，需要花時間打基礎，耐心等幾
年後才可以看出威力。下面拿官股的合庫金（5880）做說
明，合庫金是在2011年成立，如果採用定期定額的方式每
個月買進1張，2012年就存到12張。

2012年每股發放0.5元現金股利，12張可以領到6,000元，用年均價的17.2元計算，可以買回0.35張；然後當年又發放0.5元股票股利（1張配發50股），12張可以拿到0.6張，所以總張數＝12＋0.35＋0.6＝12.95張。

繼續定期定額每個月買1張，2013年除權息前變成12＋12.95＝24.95張。投資股票就是「對的事情重複做」，持續用股利買回來增加張數，4年後可以累積到58.7張。

圖表3-3-1			合庫金（5880）4年存股計劃						
股利發放年度	除權息前張數	現金股利（元）	配發現金（元）	股息買回張數	股票股利（元）	配股張數	平均股價（元）	買進成本（萬元）	除權息後累積張數
2012	12	0.5	6,000	0.35	0.5	0.6	17.2	20.64	12.95
2013	24.95	0.5	12,475	0.75	0.5	1.25	16.6	19.92	26.95
2014	38.95	0.4	15,580	0.94	0.6	2.34	16.5	19.8	42.23
2015	54.23	0.5	27,115	1.76	0.5	2.71	15.4	18.48	58.7

等等，連續4年每個月買進1張，不是只有48張，怎麼會變成58.7張？答案是：「現金股利買回，還有配股」，等於合庫金免費送你10.7張股票，又有什麼好處？

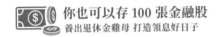
平均成本降低 有 2 大優勢

先來計算一下買進的總成本，2012年買了12張，用年均股價計算（定期定額買進就會買在平均值），總共花了20.64萬元，4年下來總共花了78.84萬元買進48張。但是還額外得到10.7張零成本的股票，所以每張的平均成本為78.84萬÷58.7張＝1.343萬元，也就是每股平均成本為13.43元。

仔細看一下過去每年買進的平均成本為：17.2元、16.6元、16.5元、15.4元，平均起來應該是16.43元，但是因為每年的配股跟配息，就將你的成本降低為13.43元，成本降低後會有2大優勢：

①安全 就算再發生一次金融海嘯，股價從2022年初的28元腰斬到14元，還是高過你的持有成本，你就相對安全。耐心抱牢好股票，每年的配股配息會不斷幫你降低成本，你就會抱得更安全。

②殖利率 同樣是配發1.2元股利，如果投資人的成本是24元，殖利率就是1.2÷24＝5%；但是你的成本只有13.43元，殖利率就是1.2÷13.43＝8.94%。為什麼很多人存官股

金控就捨不得賣出，因為存越久的成本就越低，相對的殖利率就越高。

「成本低」是投資好股票的最重要因素，來講一個笑話好了，2個美女在非洲草原散步，突然前方衝出來一群獅子，美女A馬上蹲下來綁緊布鞋的鞋帶，美女B在旁邊焦急問道：「你跑得贏獅子嗎？」美女A快跑衝出後丟出一句話：「我只要跑贏妳就可以了！」後來獅群抓住了美女B，飽餐一頓後留下了不能吃的鑽錶、金項鍊、名牌包包、手機，便打道回府。

遠處的美女A趕緊回來讓美女B入土為安，然後收拾地上的鑽錶、金項鍊、名牌包包……也趕快打道回府了！跑得快的美女A就是低成本的股票，成本低的投資人才可以逃過獅群，也就是股災的侵襲。

把錢存銀行 不如當銀行股東

圖表3-3-2可以看出，存得越久，成本就會越低。2012～2015年存的股票，在2015年時的每股平均成本為13.43元，2016年發放0.3元現金跟0.7元股票股利後，成本

變成（13.43－0.3）元÷（1+0.07）張＝12.27元，依此
類推，在2019年成本已經降到9.11元了。

再來看一下股利，2012～2015年辛苦存了4年後，這
58.7張股票往後4年平均每年可以領回（99,790+79,245
+79,245+79,245）÷4＝84,381元，相當於每個月幫自
己加薪7千元，存股票就是不斷地在幫自己加薪，存久了你
就會上癮而欲罷不能。

再以買進總成本的78.84萬元計算，每年的報酬率＝
8.4381萬÷78.84萬＝10.7%，已經是定存利率的7倍。看
到這裡，你是要把錢存銀行，還是當銀行的股東呢？答案已
經很明顯了。很多人常常懷疑只是1個月存1張，要存到哪一
天才能夠有300張啊？畢竟張數多才有感呀！

圖表3-3-2	合庫金（5880）除權息後的成本逐年降低							
年度	2016		2017		2018		2019	
股利（元）	現金	股票	現金	股票	現金	股票	現金	股票
	0.3	0.7	0.75	0.3	0.75	0.3	0.75	0.3
除權息後成本（元）	12.27		11.19		10.13		9.11	
配發	17,610元	4,109股	4,4025元	1,761股	4,4025元	1,761股	4,4025元	1,761股
總值（元）	99,790		79,245		79,245		79,245	

說明：原始買進成本13.43元，持有58.7張。以2016年為例，用每股20元計算，總值＝現金
股利＋股票股利股價值＝17,610元＋（4,109股×股價20元）＝99,790元。

圖表3-3-3		合庫金（5880）13年存股計劃							
股利發放年度	年初累積張數	現金股利（元）	配發現金（元）	股息買回張數	股票股利（元）	配股張數	平均股價（元）	買進成本（萬元）	年底累積張數
2012	12	0.5	6,000	0.35	0.5	0.6	17.2	20.64	12.95
2013	24.95	0.5	12,475	0.75	0.5	1.25	16.6	19.92	26.95
2014	38.95	0.4	15,580	0.94	0.6	2.34	16.5	19.8	42.23
2015	54.23	0.5	27,115	1.76	0.5	2.71	15.4	18.48	58.70
2016	70.70	0.3	21,210	1.50	0.7	4.95	14.1	16.92	77.15
2017	89.15	0.75	66,863	4.26	0.3	2.67	15.7	18.84	96.09
2018	108.09	0.75	81,068	4.58	0.3	3.24	17.7	21.24	115.91
2019	127.91	0.75	95,933	4.85	0.3	3.84	19.8	23.76	136.59
2020	148.59	0.85	126,302	6.25	0.3	4.46	20.2	24.24	159.30
2021	171.30	0.85	145,605	6.71	0.2	3.43	21.7	26.04	181.44
2022	193.44	1	193,440	7.19	0.3	5.80	26.9	32.28	206.43
2023	218.43	0.5	109,215	8.73	0.5	10.92	25	30	238.09
2024	250.09	0.5	125,045	9.82	0.5	12.50	25	30	272.41
2025	**284.41**	**0.5**	**142,205**	**10.99**	**0.5**	**14.22**	**25**	**30**	**309.62**

　　讓我們繼續存到2025年，看看結果是什麼。由於本書寫作時為2023年，2024年以後尚未公告股利，所以先假設跟2023年相同（0.5元現金＋0.5元股票），計算到2025年已經累積到309.62張（圖表3-3-3），如果股利用0.5元現金＋0.5元股票計算，可以領到15.48萬元現金（309,620股×0.5元＝154,810）加上15.48張股票（用每股25元計

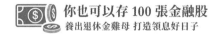

算,價值為38.7萬元),所以股利總和為15.48萬+38.7萬
=54.18萬元。

　　這個存股計算有沒有給你很大的信心呢?只是1個月買
進1張合庫金,然後持續13年就可以累積到309.62張,年領
股利達54.18萬元,重點就是有紀律地定期定額買進,並將
股利持續買回,時間就會用複利幫你的資產一暝大一寸。所
以不要再遲疑了,趕快加入存金融股的行列吧,明天的你才
會感謝現在的你。

3-4 以兆豐金為例

把握除權息行情
低買高賣賺價差

定存股就是要長放領股利，絕對不能進進出出做價差嗎？其實是因人而異的，首先還是要了解自己的年紀、資金、操作心態！

「定存股」就是要長期放著領股利，絕對不能進進出出做價差嗎？其實是因人而異的。首先還是要了解自己的年紀、資金、操作心態，才能找出最適合自己的方法！

①**年紀** 如果是退休人士，心情就放在遊山玩水上面，存股來安心領股利最適合。如果是肯花時間研究的年輕人，抓緊做價差的機會，多賺一點報酬率也不無小補。

②**資金** 千萬資產等級的大戶，就算每年拿6%的股利，

一樣可以開除老闆來遊山玩水;資金百萬的小資族,每年領6%股利一樣得朝九晚五上下班,必須要想辦法多賺一點。

③技術 做價差最考驗人性,如果你的情緒會被漲跌所影響,高漲時樂觀追高,大跌時又悲觀殺低,那麼你還是安心存股會比較好,才不會賠錢又賠上心情。

善用殖利率法 預測未來股價

存股想要安穩領股利,股票殖利率是關鍵,市場上因為獲利與籌碼影響等因素,股價會有千元股王,也有銅板價,很難單憑價格來判斷好壞(圖表3-4-1),由於殖利率會同時考慮「股利跟股價」,因此也相對客觀。

殖利率除了是安穩領股利的重要關鍵,想做價差,也可以善用「殖利率法」來預估股價。殖利率法主要是用公司過去的表現來預估未來,當然存在著盲點,所以使用時

圖表3-4-1	股價高低和股票好壞無關			
公司	股價(元)	股利(元)	殖利率	評價
A	30	1.5	5%	一樣貴
B	300	15	5%	

說明:殖利率=股利÷股價

要注意下列事項：

①獲利表現穩定

評估股價多是用過去來預估未來，過去表現是否穩定就很重要，獲利時高時低的景氣循環股，就不適用殖利率法，例如陽明（2609）在2022年發放20元股利，除息前股價約120元，殖利率高達16%，但是在2023年初股價跌破60元，投資人領到20元股利卻賠上60元價差，整體虧損了40元。因此只有過去獲利、配息穩定的公司，才適合用殖利率法。

②以最近5年數字估算

我習慣抓最近5年的平均表現，這樣會比較客觀，可以避開單一年度的影響。如果最近幾年有出現極端殖，例如統一超（2912）在2017年出售上海星巴克，產生一次性的業外收入，隔年大方配息25元，股價衝上378元，但是最後也是回到270元附近。這種因為一次性業外收入而出現的極端數據，就要將它排除。

③預測股利

要記住股價是反應未來，就算過去股利再怎麼優秀，

如果今年表現不如預期，還是會反應在股價上面。例如過去的股利績優生玉山金（2884），在2023年2月20日公告股利僅0.6元（0.2元現金＋0.4元股票），隔天股價大跌近5%，投資人還沒有領到股利就先賠上價差。

由於兆豐金的「獲利」跟「配息」都很穩定，而且是以發放「現金股利」為主，就適合用殖利率法來評估，先來看一下過去的經營績效。

從圖表3-4-2可以看出兆豐金歷年配息都不錯，年平均殖利率為5.35%，如果想要每年領到100萬元的股利，必須要存到100萬÷5.35%＝1,869萬元的兆豐金，用2023年5月的股價36元計算，則是要存到519張。投資人可以先評

圖表3-4-2　兆豐金（2886）近年股價與殖利率表現

年度	股利（元）	股價（元）			殖利率（％）		
		最高	最低	平均	最高	最低	平均
2018	1.5	27.8	23.7	26	6.33	5.4	5.77
2019	1.7	32.5	25.2	29.3	6.75	5.23	5.8
2020	1.7	33.8	26.2	30.1	6.49	5.03	5.65
2021	1.58	36	28.15	32.3	5.61	4.39	4.89
2022	1.65	45.4	28.4	35.6	5.81	3.63	4.63
平均	1.63	35.1	26.33	30.66	6.2	4.74	5.35

估自已的資金水位，再來決定要存股還是做價差。

預估存在誤差 需依狀況調整

　　如果想要做價差，就要了解如何利用殖利率來預估股價，以2022年為例，兆豐金當年發放1.65元股利（1.4元現金＋0.25元股票），上網查詢該年度的最高、最低跟年均股價，然後計算該年度的殖利率。

最高殖利率＝股利 ÷ 最低股價＝ 1.65÷28.4 ＝ 5.81%

最低殖利率＝股利 ÷ 最高股價＝ 1.65÷45.4 ＝ 3.63%

平均殖利率＝股利 ÷ 平均股價＝ 1.65÷35.6 ＝ 4.63%

　　接著計算最近5年（2018～2022）兆豐金最高、最低和平均殖利率，再取5年的平均值，分別為最高6.2%、最低4.74%、平均5.35%。有了殖利率之後還需要知道股利金額，才能夠計算出股價區間，最正確的方法就是等公司公告股利，但是公告後大家都知道了，也就無法提前布局。

　　所以我習慣預先估計當年度兆豐金會配發多少股利，好處是可以提前做準備，但既然是預估就存在誤差，等到公告之後還需要做修正。以下以2023年為例，介紹如何預估股利：

　　①過去盈餘分配率 2018～2022年介於79.4%～87.3%之間，平均值為83%。

　　②市場預測 2023年3月，公司高層強調有龐大的保留盈餘，將維持往年7～8成的分配率水準。

　　③預估股利 從上面2點可以預估盈餘分配率約8成，2022年EPS為1.32元，可以預估2023年配發1.32×80%＝1.06元股利。

　　有了股利跟殖利率之後，便可以預估股價的區間，股價＝股利÷殖利率。

　　昂貴價＝股利 ÷ 最低殖利率＝ 1.06÷4.74% ＝ 22.36 元
　　合理價＝股利 ÷ 平均殖利率＝ 1.06÷5.35% ＝ 19.81 元
　　便宜價＝股利 ÷ 最高殖利率＝ 1.06÷6.2% ＝ 17.1 元

上面算出來的數值明顯偏低，要知道數據是死的、人是活的，需要合理的解讀並予以修正。2023年兆豐金實際宣告配發現金股利1.24元加上股票股利0.08元，總股利合計為1.32元，盈餘分配率高達100%，大幅超越過往的80%，由此可見預估永遠存在變數，需要不斷地做修正！但是將股利修正成1.32元後，計算出來的股價依然偏低！繼續來討論原因。

昂貴價＝股利 ÷ 最低殖利率＝ 1.32÷4.74% ＝ 27.8 元

合理價＝股利 ÷ 平均殖利率＝ 1.32÷5.35% ＝ 24.7 元

便宜價＝股利 ÷ 最高殖利率＝ 1.32÷6.2% ＝ 21.3 元

2022年兆豐金因為防疫保單虧損，導致獲利創下新低，但是防疫保單僅是一次性的因素，往後不會再影響了，而且兆豐金是國內主要的外匯銀行，受惠美元升息的利差，2023年初董事會通過預算目標規劃，當年獲利將挑戰260億元以上。

2023年前5個月兆豐金稅後純利163.91億元，年增147.75%，因此我預估2023年全年兆豐可以賺到290億元，與2019年相當，然後參考該年度配發的1.7元現金股利，預估兆豐金於2024年也可以發放1.7元現金。

要知道股價是反應未來，2022年獲利不佳導致2023年股利縮水，大家已經都知道了，股價也都已經反應了；所以重點反而在於預估2023年的獲利與2024年的股利。重新計算股價後，如圖表3-4-3。

圖表3-4-3	兆豐金（2886）操作價差參考依據		
殖利率	最高	最低	平均
2018～2022平均值	6.2%	4.74%	5.35%
股價	最低	最高	平均
2023年股利1.06元（預估）	17.1	22.36	19.81
2023年股利1.32元（公告）	21.3	27.8	24.7
2024年股利1.7元（預估）	27.42	35.86	31.78

在得到上面的合理、便宜、昂貴價之後，就可以作為操作價差的參考：高殖利率（便宜價）買進、低殖利率（昂貴價）賣出，合理價就抱著領股利。

　　但是股價走勢存在著許多不確定性，諸如：國際局勢、公司意外、人性的恐慌與貪婪，所以股價絕對不是數學的1＋1＝2這樣簡單，計算出來的數字永遠是「僅供參考」。我們只能不斷地學習，隨著最新數據出爐不斷去做修正，這就是做價差好玩跟痛苦的地方，所以有的人就喜歡傻傻存，當股價在便宜和合理區間時持續買進，放著領股利還賺到心情愉快。

除息後買回 價差賺更多

　　2022上半年，兆豐金股價上演大驚奇，強不可擋，主要原因是美國釋放出升息消息，會增加兆豐金美元的利差獲利；再來是俄烏戰爭開打，股市存在不確定性，投資人將資金轉往官股金控避險；最後就是兆豐金釋出發放1.65元股利，吸引存股族買進，將股價推上45元的危險的邊緣。

　　然而股價最終還是會回到價值面，就算兆豐金每年配發1.7元股利，用5%殖利率計算的合理股價為34元，如今股價超標了10塊錢，表示你要套牢10元÷1.7元＝6年領股利，才可以回本喔！隨著兆豐產險爆出防疫保單大虧的消

息,兆豐金股價開始溜滑梯,套牢了不少的投資人。就算是官股金控,買太貴你一樣會受傷。

如果你懂得計算前面的最高、最低、年均殖利率,就會知道2022年4月的殖利率不到4%,是該腳底抹油落跑的時候了;等到除息後股價回歸再買回,賺到的10元價差是不是勝過領1.65元的股利呢?2022年10月兆豐金股價最低來到28.4元,是不是很接近我前面算出來的27.42元?所以,學會估價方法對投資還是會有幫助,至少會避免你買在高點。

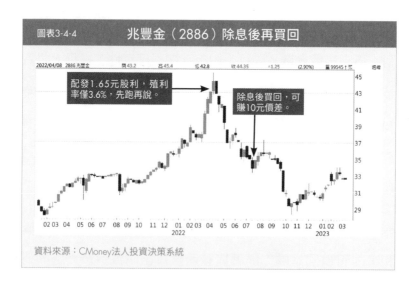

圖表3-4-4　兆豐金(2886)除息後再買回

2022/04/08 2886 兆豐金　　開 43.2　　高 45.4　　低 42.8　　收 44.35　　△1.25　　(2.90%)　　量 99545↑ 週線

配發1.65元股利,殖利率僅3.6%,先跑再說。

除息後買回,可賺10元價差。

資料來源:CMoney法人投資決策系統

在做價差之前,先來講一下上市櫃公司的會計流程。依規定,上市櫃公司每年3月底前要公告前一年度的會計年報(包括稅後淨利、EPS等),接著4、5月召開董監會議,決定股利政策,然後在5、6月開股東大會通過股利金額,接著6、7月便會開始配息,所以金控大多是在7月附近除權息。

不過金控通常每個月都會公告財報,也就是在年初公告前一年度12月財報時,大家就知道去年的獲利(得自己算),接著便可以開始預估股利的金額,等到實際公告,如果公告的股利不錯,股價就會開始上漲,然後隨著參加除權

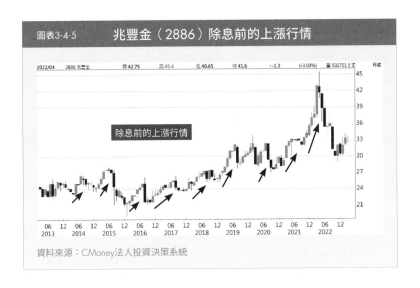

圖表3-4-5 兆豐金(2886)除息前的上漲行情

除息前的上漲行情

資料來源:CMoney法人投資決策系統

息領股利買盤的湧入，一口氣讓股價漲到除息前。觀察兆豐
金股價走勢，正如上面所說明的，上半年大多會有除息前的
上漲行情。

既然如此，我們也可以善加運用，年初買進、除息前賣
出，價差應該會賺更多。兆豐金多在8月中除息，統計上半
年除息前的價差空間，都超過存股領股利。

圖表3-4-6	兆豐金（2886）做價差勝過領股利							單位：元
年度	2015		2016		2017		2018	
日期	1月買進	6月賣出	1月買進	7月賣出	1月買進	7月賣出	1月買進	9月賣出
股價	24.2	27.8	20	25	23	25.2	24.5	27
價差	3.6		5		2.2		2.5	
股利	1.4		1.5		1.42		1.5	
年度	2019		2020		2021		2022	
日期	1月買進	7月賣出	3月買進	7月賣出	1月買進	7月賣出	1月買進	4月賣出
股價	25.5	30	26.5	32	28.5	33	36	45
價差	4.5		5.5		4.5		9	
股利	1.7		1.7		1.58		1.65	

如果錯過了年初買進，又想要賺價差該如何操作？仔細
思考上半年股價上漲的原因是什麼？是不是因為「除息」，
想要領利的買盤一路推升股價，那麼除息之後呢？沒有股

利可以領了，買盤是不是會縮手？甚至會有獲利了結的賣壓出現，股價也就無力支撐了！

　　觀察兆豐金的股價走勢，除息後往往會「往南走」，甚至跌破除息參考價，此時就是撿便宜的好時機，放到隔年除息前還是有很大的機會賺到價差。利用除權息行情做價差，是善用投資人「追高領股利」的心理漏洞，來「人取我棄、人棄我取」。

　　做價差當然也不可能100%準確，幸好兆豐金是大到不會倒的官股金控，萬一被套牢後可以放著領股利，持續逢低加碼買進，解套跟賺錢的機率也會非常高。

3-5　以臺企銀為例

進階操作策略
用股淨比賺差價

當股淨比低於 1 倍時，表示股價低於真實的價值，也就是相對便宜，但還是要評估公司的體質，以及未來的獲利成長性。

我很喜歡利用股價淨值比（簡稱：股淨比）來操作臺企銀（2834），2021年底布局買進了200張，到了2023年初獲利超過40%。不過投資人往往會把ETF的淨值，跟股票的股淨比搞混，所以我先來講一下ETF的股價跟淨值。

股價淨值比 只能同產業相比

圖表3-5-1國泰永續高股息（00878）資訊擷取自國泰

投信官網，時間是2023年3月3日收盤後，圖表中市價是當天的收盤價，為17.13元；而預估淨值是17.1元，表示股價比淨值多了17.13－17.1＝0.03元，這就是「溢價」，相對的，當股價低於淨值，則是折價。

圖表3-5-1 國泰永續高股息（00878）市價及預估淨值 單位：元		
市價	預估淨值	折溢價
17.13	17.1	0.03

資料來源：國泰投信官網，2023/3/3。

由於00878持有30檔成分股，淨值就是30檔的總價值；好比一個籃子裡面有30顆糖果，淨值就是30顆的總價值。由於30檔成分股的股價（價值）會不斷波動，所以淨值是預估的，便是圖中的「預估淨值」。

如果籃子的30顆糖果總值100元，你不會用150元去買，也不可能用50元買到，最大的可能是買在100元附近；同樣的，ETF的股價會貼近淨值，不可能大幅超越或是縮水，通常誤差（折溢價）的範圍在1%以內。

ETF就是「可以當作股票買賣的基金」，同時持有幾10

家公司的股票,並非是單一公司。如果是單一公司,例如台積電(2330),公司的淨值便是土地、廠房、機器、材料、現金等有形的資產,從圖表3-5-2可以看出台積電淨值是113.6元,也就是把台積電的土地、機器……通通賣掉後,每1股可以拿回來的價值。可是台積電當時的股價卻是516元,表示投資人多付出了516-113.6=402.4元的價格,投資人豈不是虧很大?

圖表3-5-2	不同公司的股價淨值比					
股票名稱	台積電	聯發科	台泥	台塑	統一超	中信金
股票代號	2330	2454	1101	1301	2912	2891
股價(元)	516	775	37.75	90.7	267.5	22.4
淨值(元)	113.6	276.51	29.64	57.9	35.07	16.49
股淨比	4.54	2.8	1.27	1.57	7.63	1.36

資料日期:2023/3/3

其實會計上的淨值只能評估有形的資產,人力資源、公司競爭力這些無形資產無法用數字評估,由於投資人認同台積電「無形+有形」的資產價值,更看重公司的賺錢能力,所以願意用更高的價格來買進。

股價淨值比＝股價 ÷ 每股淨值

每股淨值＝股東權益 ÷ 流通在外的普通股總數

　　當一家公司的競爭力越強大，市場上就願意用更高的價格來買進，也就擁有更高的股淨比，例如電子業的台積電、聯發科（2454），是半導體業龍頭，統一超具有壟斷地位，市場就給予較高的股淨比。股淨比通常只能同產業相比，不同產業間不能比較。

金融股持有風險性商品 股淨比相對較低

　　金融股股淨比相對偏低，甚至有低於1倍的，又是為什麼？由於金融業都會持有不少金融商品（股票、債券、放款……），這些商品的價值多少存在著風險，例如2022年股債雙殺導致壽險公司的潛在損失。

　　正因為有這些不確定性，市場不敢給予太高的股價淨值比。從圖表3-5-3可以看出，金融股的股淨比大多在2倍以下，其中壽險龍頭的國泰金（2882）、富邦金

（2881），以及官股金控，因為投資人比較有信心，也就享有較高的股淨比。至於新光金（2888），因為存在較多的經營爭議，加上2022年獲利大幅衰退，市場對股價不買單，股淨比甚至是低於1倍。

淨值就是金控的真實價值，當股淨比低於1倍時，表

股票代號	股票名稱	2022年EPS（元）	2023年預估EPS（元）	2023年預估EPS成長率	2023/1/17收盤價（元）	2022/Q4預估每股淨值（元）	預估股價淨值比
2880	華南金	1.27	1.46	15%	22.95	13.28	1.73
2881	富邦金	3.52	7.47	112.2%	59.8	36.46	1.64
2882	國泰金	2.58	5.08	96.9%	42	18.81	2.23
2883	開發金	0.98	1.29	31.6%	13.05	8.89	1.47
2884	玉山金	1.1	1.44	30.9%	24.15	13.27	1.82
2885	元大金	1.72	1.98	15.1%	22.7	20.04	1.13
2886	兆豐金	1.32	2.16	63.6%	32	21.34	1.5
2887	台新金	1.09	1.21	11%	15.8	15.31	1.03
2888	新光金	0.11	0.87	690.9%	8.97	10.62	0.84
2889	國票金	0.41	0.6	46.3%	12.2	10.43	1.17
2890	永豐金	1.39	1.64	18%	17.75	13.22	1.34
2891	中信金	1.67	2.75	64.7%	23.2	16.56	1.4
2892	第一金	1.56	1.87	19.9%	26.75	16.76	1.6
5880	合庫金	1.44	1.4	-2.8%	26.7	14.78	1.81

圖表3-5-3 金融股股淨比多在2倍以下

圖表3-5-4	臺企銀（2834）歷年股利與EPS			單位:元
獲利年度	股利			EPS
	現金	股票	合計	
2017	0.102	0.3	0.402	0.82
2018	0.268	0.4	0.668	1.19
2019	0.3	0.5	0.8	0.98
2020	0.2	0.5	0.7	0.63
2021	0.1	0.34	0.44	0.66
2022	0.1	0.37	0.47	1.26

示股價低於真實的價值，也就是相對便宜，此時就有利可圖嗎？重點還是要評估公司的體質，以及未來的獲利成長性。

如果獲利一直沒有起色，股淨比恐怕也會長期低於1倍喔，有聽過一句名言：「可憐之人，必有可恨之處。」不是所有低股淨比的公司都有投資的價值！

接著拿臺企銀當範例，說明利用股淨比買賣金融股的技巧。臺企銀主要股東為台灣銀行、國發基金、土地銀行與財政部，董事長與總經理均由財政部派任，所以也可以視為官股銀行。

首先看一下過去的業績表現，配息似乎不怎麼迷人，

特別是現金股利大多只有0.1、0.2元水準，完全不符合股民的喜愛，或許也是導致股價偏低、股淨比長期小於1倍的主要原因。

觀察股淨比變化 逢低加碼撿便宜

參考臺企銀過去的股淨比河流圖（圖表3-5-5），發現大多在0.7～1.1之間震盪，由於臺企銀有持續獲利跟發放股利，萬一買錯了也可以領股利來「大不了套牢」，所以當股淨比在0.7附近時，我就會喜歡進場撿便宜。2018年

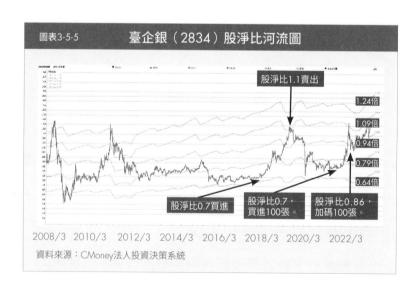

圖表3-5-5 臺企銀（2834）股淨比河流圖

資料來源：CMoney法人投資決策系統

初股淨比來到0.7倍時我就買進，2018年受惠中小企業放款比重上升，利息淨收益金額成長，2019年股價上漲使得股淨比達到1.1倍時，我選擇獲利了結。

2019年美國開始降息，壓縮銀行的利差獲利，臺企銀獲利開始衰退。2020年新冠疫情導致美國股市崩跌，聯準會大幅降息更對臺企銀的獲利造成壓力；雪上加霜的是，不少中小企業受到疫情衝擊，增加了臺企銀放款的風險，導致2020年、2021年EPS衰退到0.63元與0.66元。

2021年底我觀察到臺企銀股價不到10元，股淨比又來到0.7倍附近，我先買進100張試水溫，當時主要評估有2大因素：

①疫情緩和 疫情肆虐到2021年底已經快2年，台灣人也施打許多疫苗對抗，預估2022年起疫情的干擾可望緩和，中小企業的放款風險也會降低，臺企銀獲利得以提升。

②升息 2020年為了對抗疫情而大幅降息，其實就有催生通膨的可能，待2022年疫情緩和後有可能升息來紓解通膨，便會增加臺企銀的獲利。

2022年3月美國聯準會開始升息，金融股爆發上漲行

情，兆豐金股價漲到45元、中信金也越過30元關卡，臺企銀一口氣漲破14元，此時股淨比已經超過1倍，理論上我應該要獲利了結，但是因為升息有助於獲利，所以我選擇按兵不動。

然而2022年2月底俄羅斯入侵烏克蘭，國際股市充滿陰霾，5月時臺企銀股價最低跌至11.3元，股淨比不到0.9倍，我選擇繼續加碼100張，主要原因還是戰爭引發通膨，通膨又引發升息，利差加大有助於銀行的獲利。

2022年臺企銀EPS達1.26元，較2021年成長將近1倍，2023年3月股價也站穩14元關卡，此時股淨比又超過1倍，算是在高點了，那麼要賣出嗎？

先來計算我從2021年底開始布局，持有到2023年3月時臺企銀的報酬率為多少。我在9.5元與11.5元各買進100張，平均買進成本為10.5元，2022年除息0.1元跟除權0.37元，成本降為（10.5－0.1）元÷1.037張＝10.03元。

以2023年3月3日的收盤價14.4元計算，報酬率為（14.4－10.03）÷10.03＝43.6%。相較於國泰金、富邦金、兆豐金、玉山金在2022年的負報酬，臺企銀的表現可圈

可點。由此可見，當股淨比在相對低點，而預估到未來獲利成長時（疫情緩和、升息有利），是布局買進的好時機。

股利縮水 趁機加碼

然而讓投資人意外的是，2023年3月15日臺企銀宣布配息0.34元（0.1元現金＋0.24元股票），明明2022年獲利增長將近1倍，但股利卻創近 14 年來新低，讓小股東大感失望，消息一出後股價也重創反應，我趁機又加碼了100張。先來說明一下獲利大成長，但是股利卻縮水的原

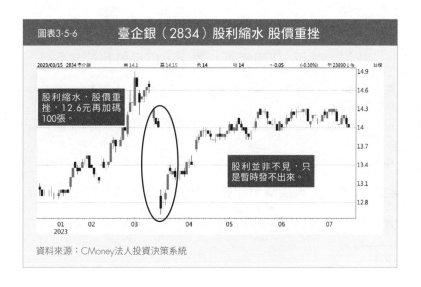

圖表3-5-6 臺企銀（2834）股利縮水 股價重挫

股利縮水，股價重挫，12.6元再加碼100張。

股利並非不見，只是暫時發不出來。

資料來源：CMoney法人投資決策系統

因，主要是受到美國2022年大幅升息，導致債券投資評價損失嚴重，其他權益損失達37億元，根據規定必須提列相同數額的盈餘公積，這部分約影響每股盈餘分配0.47元，是導致股利縮水的原因。簡單來說，就是公司雖然大賺錢，但是帳面上也有一些投資虧損，獲利必須要扣掉帳面虧損之後才能拿來發股利。

因為升息導致的債券投資損失，其實只是帳面上的，公司在3月法說時表示統計到2023年2月底止，臺企銀其他綜合損益的未實現評價損失，已經從2022年底的37.7億元回升至10.79億元，只要2023年底債券評價回升，就能轉為盈餘分配，拉高2024年的股利配發。

所以，儘管2023年股利縮水，但是股利並非不見，而是因為會計規則而無法發放，暫時存在公司裡面而已，只要將來債市由谷底反轉，未實現評價損失縮小或是轉正之後，一樣可以拿來發放股利！所以我趁著股利縮水，利空大跌之際再加碼100張。隨著臺企銀獲利持續成長，2023年前5月EPS達到0.69元，股價也由谷底反彈到14元以上。

　　由於美國2023年持續升息3碼（統計至6月），升息有利於銀行的獲利，「獲利成長就續抱」是我一貫的投資宗旨，但我會持續觀察2024年後美國是否降息，降息的幅度是多少？會不會影響臺企銀的獲利？到時候再來評估是否要獲利了結。

　　存金融股的要訣在於「成本」，只要成本夠低，殖利率就相對較高了。由於我買的價位算便宜（低價時敢買），又持續靠股利來降低成本，所以也可以將臺企銀當成定存股，當作金雞母來領股利也不錯。

獲利穩定 股淨比低買高賣

　　銀行為主的金融股獲利通常相對穩定，例如兆豐金的EPS多在2元附近，就可以參考過去的股淨比，評估股價是否過高（過低）。從圖表3-5-7的河流圖可以看出，兆豐金過去股淨比多在1～1.5倍之間，2022年4月股淨比最高來到1.9倍，甚至超過歷史以來的高點。

　　然而2023年兆豐產險踩雷防疫保單，導致獲利下滑，但是股淨比卻在歷史高點，都在暗示股價相對偏高，投資

圖表3-5-7　兆豐金（2886）股淨比河流圖

1.83倍
1.55倍
1.27倍
0.99倍
0.71倍

2008/3　2010/3　2012/3　2014/3　2016/3　2018/3　2020/3　2022/3

資料來源：CMoney法人投資決策系統

人可以先跑為贏，等股淨比滑落到正常區間之後，再伺機買回，便可以躲過大跌的傷害。

　　同樣劇本也發生在台新金（2887）上面，因為終於甩脫彰銀案加上入主保德信人壽，2022年4月股淨比來到歷史相對高點的1.33倍，然而2022年第1季EPS僅0.15元，年減幅度高達59.46%，股價隨即下滑，股淨比又回歸合理區間。

　　理論上來說，當股淨比在歷史低點時表示相對便宜，可以伺機買進；而當股淨比在歷史高點時表示偏貴，可以

趁高價出脫。

　　但是股價永遠是反應未來的獲利，所以還是要研究未來的利多、利空因素，判斷獲利是成長還是衰退，再來搭配股淨比，更會相得益彰。股淨比河流圖只是過去的數據統計，當獲利維持穩定時，「高股淨比賣出、低股淨比買回」是不錯的策略；但是當公司獲利成長時，市場有可能給予更高的股淨比，也是要注意的。

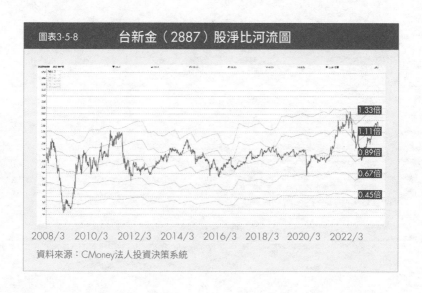

圖表3-5-8　台新金（2887）股淨比河流圖

1.33倍
1.11倍
0.89倍
0.67倍
0.45倍

2008/3　2010/3　2012/3　2014/3　2016/3　2018/3　2020/3　2022/3

資料來源：CMoney法人投資決策系統

chapter
4
多重獲利引擎
民營金控爆發力強

4-1

民營金控最大優勢
獲利潛力較高

**民營金控努力擴展銀行、壽險、證券等多重引擎，除了可以增加
獲利，當單一引擎獲利不佳時，其他引擎也會產生互補作用。**

....

民營金控顧名思義就是由私人成立的，例如中信辜
家、國泰蔡家、富邦蔡家、新光吳家、元大馬
家……都是國內知名的財團。

全力擴展業務 產生互補作用

拿中信金（2891）2023年4月18日的資料為例，主
要股東結構就沒有政府機構（財政部），但是有新制勞工
退休基金2.14%、臺灣銀行股份有限公司1.54%，應該是投

資為主。

民營金控沒有財政部當靠山，風險會比較高嗎？民營金控的優點就是獲利比較有企圖心，敢於衝刺跟擴大業務範圍。例如國泰金（2882）、富邦金（2881）原本是以壽險業務為主，後來分別併購了世華與台北銀行；中信金早期是以銀行為主，後來也併購了台灣人壽；元大金（2885）原先專注在證券業務，後來也併購大眾銀行。

民營金控很努力擴展銀行、壽險、證券等多重引擎，除了可以增加獲利之外，當單一引擎獲利不佳時，另外一顆引擎也會產生互補的作用。反觀官股的第一金、合庫金、兆豐金、華南金、彰銀、臺企銀，主要的獲利來源都是銀行端，偏向單一獲利引擎。

簡單來說，民營的獲利較有衝勁，但是波動也大一點；官股金控則是一個「穩」字，從EPS上可以看得出差別，官股的EPS較無成長性。主要原因是官股跟民營經營理念的不同，民營的老闆想到的是「成長」，目標是越賺越多；官股則是偏公務員心態，多做有可能多錯，所以穩定就好。

我個人是比較喜歡投資民營金控，看重的是競爭力。記得有一回到我家附近的某官股銀行辦理業務，銀行大廳的客戶才1～2人，目測有好幾個櫃台員工沒事做，但是我抽了號碼牌後等了1分多鐘，才被叫號上櫃台辦事。

反觀民營的銀行，一進門就會有小姐或是保全人員，熱心地詢問要辦理哪些業務，並幫忙抽號碼牌，讓我覺得很窩心。官股就是公務員的心態，以前三商銀時代到銀行借錢，感覺跟進衙門差不多，所以最後被民營化，就是希望可以提升一點競爭力。

保留盈餘 用錢賺更多錢

股利政策應該是官股跟民營最大的不同處，官股金控因為要上繳獲利來挹注國庫，所以配息都非常大方；民營金控則是盡量將盈餘保留下來，才有資金去賺更多的錢，所以在配息上就會略顯小氣。

從盈餘分配率可以看出公司配息是大方還是小氣，盈餘分配率＝股利÷EPS，例如中信金在2022年每股賺到1.55元，然後在2023年發放1元現金股利，盈餘分配率為

1÷1.55＝64.5%。根據過去統計數據，官股金控的盈餘分配率多在80%左右，相對於民營金控真的是大方很多。

官股大方發股利就比較好嗎？民營的為何要這麼小氣？你有思考過這些問題嗎？請問一下，當你每年領到股利時，是爽爽地開心花掉，還是繼續投入買進好股票，讓你明年領到更多股利呢？民營金控的盈餘分配率比較少，目的是保留盈餘去賺更多錢，如果公司的獲利與EPS有持續成長，報酬率也會相對較高。

可是有些長期持有的投資人，領到股利才可以充當生活費，所以大方配息的官股金控會比較好嗎？這是投資人經常問到的問題。人生跟投資其實很簡單，當你困惑時不妨回到原點──股利來源是公司的獲利，所以要挑選獲利較好的公司，這才是原點！

別看股利買股票 獲利才是源頭

以下拿中信金、兆豐金（2886）最近2年的表現，來說明一些觀念。官股的兆豐金盈餘分配率超過8成，配息大方當然吸引了不少的存股族；中信金的盈餘分配率不到5成，往往

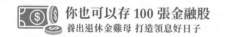
就是賺2塊多但是只配1元,也被市場戲稱為「1塊金」。

先來說一下報酬率計算的方法,2022年兆豐金發放0.25元股票股利,也就是1股會配發0.025股,以及1.4元的現金股利,再加上2021年的現金股利1.58元,所以2023年初的總價值為1.58元＋1.4元＋(1.025股×30.5元)＝34.24元,總報酬為34.24－29.9＝4.34元,報酬率為4.34÷29.9＝14.52%。用同樣方法計算出中信金的報酬率,如圖表4-1-1所示。

圖表4-1-1		中信金vs兆豐金近年股利表現						單位:元
股票名稱	股票代號	股價		2021年	2022年		2023/1/3總價值	總獲利	報酬率(%)
		2021/1/4	2023/1/3	現金股利	現金股利	股票股利			
中信金	2891	19.55	22.15	1.05	1.25	0	24.45	4.9	25.1
兆豐金	2886	29.9	30.5	1.58	1.4	0.25	34.24	4.34	14.5

兆豐金的股利明顯多過中信金,但是2年下來中信金的報酬率還多出了10.5%,所以並非股利多就比較好,或許讀者會認為只統計2年的時間太短,要看長一點的時間。其實過去的表現都是「僅供參考」,我只是要拿來講一個

觀念——不要看股利的多寡買股票，因為股利的源頭是獲利，所以要從源頭思考，獲利成長比高股利來得重要。

如果一家公司的盈餘分配率很高，表示它把大多數的獲利都分給股東了，公司要如何擴展呢？來看一下頗受存股族喜歡的中華電（2412），盈餘分配率將近100%，因為台灣是一個海島，就算想要投資也無法向外擴展，加上同業間的競爭也已經飽和，真的是有錢沒處花，所以乾脆將獲利通通回饋給股東。看看圖表4-1-2的統計，稅後淨利根本沒有成長。

圖表4-1-2	中華電（2412）獲利全部回饋給股東						
年度	2016	2017	2018	2019	2020	2021	2022
稅後淨利（億元）	401	389	355	328	334	358	365
盈餘分配（%）	95.8	95.7	97.8	99.9	99.9	100	100

當公司大方配發現金股利時，要同時注意「獲利有無成長」，一家成長中的企業會善用賺到的每一分錢，拿去賺更多錢。看一下股神巴菲特的波克夏公司（圖表4-1-3），從成立以來1毛錢的股利都不配，好處是沒有股利就不用繳所得稅。巴爺爺將公司賺到的錢，拿去賺更多錢，

股價就一路上漲，賺到的價差比股利還要迷人，而且價差

還不用繳稅，難怪巴菲特每天都笑哈哈。

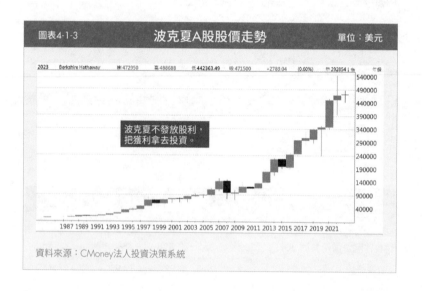

資料來源：CMoney法人投資決策系統

4-2

區間操作賺價差
先搞懂獲利關鍵

獲利衰退的公司絕對不要隨便低接，當心越撿越便宜，要仔細觀察供過於求、殺價競爭是否結束，獲利能否成長才是關鍵。

....

我的第1本投資理財書《6年存到300張股票》，裡面的主角是中信金（2891），就有讀者問我為何是中信金，我都開玩笑地說，因為我住在台北市北投區，家裡電話號碼是2891-XXXX，然後中信金的股票代號是2891，所以就是它啦，這就是「生活投資術」。

其實這是開玩笑的話，過去我有看過一篇文章，某位有錢人鎖定中信金這一檔股票，當股價10幾塊錢時他買進1萬張，光領股利就可以遊山玩水，等股價漲到20幾塊錢賣出，

1萬張賺到幾千萬元的價差,繼續去遊山玩水。看完那篇文
章後我是忌妒又羨慕,腦袋中就只有「遊山玩水」這4個
字,暗自下定決心「有為者亦若是」,我也要來存中信金。

獲利與配息穩定 可伺機做價差

從圖表4-2-1可以看出中信金的EPS大概就是2元上下,
股利則是1元上下,獲利與配息穩定,導致股價也穩定地在
區間盤整,當然可以領股利跟賺價差了。

圖表4-2-1	中信金（2891）近年股價與殖利率							
年度	股利（元）	股價（元）			殖利率（%）			EPS（元）
		最高	最低	年均	最高	最低	年均	
2018	1.08	23	19.6	21.3	5.51	4.7	5.07	1.85
2019	1	22.5	19.7	21	5.08	4.44	4.76	2.16
2020	1	23.45	16.05	19.8	6.23	4.26	5.05	2.15
2021	1.05	26.1	19	22.5	5.53	4.02	4.67	2.73
2022	1.25	30.95	19.45	24.7	6.43	4.04	5.06	1.55
平均	1.08	25.2	18.76	21.86	5.75	4.29	4.92	2.11

①領股利 公司的獲利穩定,並且穩定地發放股利,可
以低價買進放著領股利。

②做價差 趁著股價在高點時先獲利了結，等低點時再買回來反而會賺更多，除非股價長期一直在區間盤整，不會買了之後就往下鑽地，也不會賣了之後就往上飛天一去不回頭。

由於中信金的EPS跟股利都很穩定，導致股價也穩定地在區間內上下波動，就可以放著領股利，並伺機賺價差。

這邊要提醒一下，並不是所有的股票都可以這樣操作喔，重點是看未來的獲利，如果獲利一直成長，通常會引導股價持續上漲，要是為了做價差隨便出脫股票，當心將來就買不回來了。

拿台積電（2330）為例，從圖表4-2-2可以看出獲利不斷地成長，這種股票最好的策略就是抱緊處理，除非觀察到獲利衰退再來獲利了結。從台積電的股價線圖（圖表4-2-3）也可以看出，台積電獲利成長同時帶動股價持續上

圖表4-2-2	台積電（2330）歷年EPS與股價								單位：元	
年度	2012	2013	2014	2015	2016	2017	2018	2019	2020	2021	2022
EPS	6.42	7.26	10.18	11.82	12.89	13.23	13.54	13.32	19.97	23.01	39.2
年均股價	84.1	104	123	140	166	210	237	262	379	598	516

漲,如果想要在波段高點先賣出,然後等低價再買回來賺一點價差,最後可能會碰到股價一直漲上去了,再也等不到低價買不回來了。

2021年受惠全球股市大多頭,加上台積電獲利成長,股價大漲一波,但是2022年碰到美國升息,俄烏戰爭干擾等因素,導致台積電股價從高點往下。

不過台積電的獲利依然亮眼,公司持續開發最新製程,並到世界各國布局建廠,2023年起股價開始由谷底回升,只要獲利持續成長,待國際局勢緩和之後,自然會還

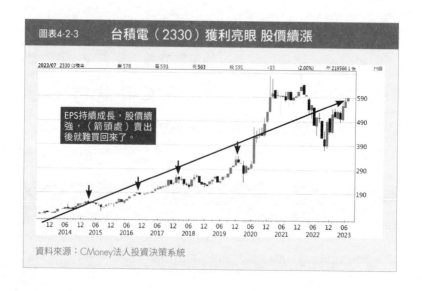

圖表4-2-3 台積電(2330)獲利亮眼 股價續漲

EPS持續成長,股價續強,(箭頭處)賣出後就難買回來了。

資料來源:CMoney法人投資決策系統

股價一個公道的，當好公司碰到倒楣事，還是應該站在公司這一邊。

排除一次性獲利 不要隨便低接

過去表現良好的公司，未來能否維持才是逢低買進的關鍵。下面看一下不織布大廠南六（6504）的獲利表現（圖表4-2-4），2015～2019年的獲利都很穩定，2020年因為爆發疫情，口罩供不應求，廠商紛紛加開產能並調整售價，2020年的EPS高達20.02元，幾乎是過去的3倍。

圖表4-2-4	南六（6504）歷年EPS表現						單位：元	
年度	2015	2016	2017	2018	2019	2020	2021	2022
EPS	8.01	8.02	7.46	8.16	7.25	20.02	1.62	0.8

然而口罩並非什麼高科技產品，只要有原料、機台跟員工，廠商可以迅速生產，而且大家都趁著價格好的時候拼命增加產能，也就埋下往後供過於求的隱憂。

隨著疫情逐漸解封，口罩需求開始減少，廠商只好殺

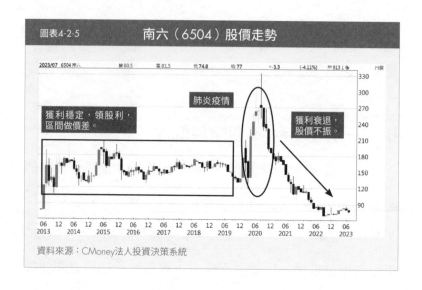

圖表4-2-5　南六（6504）股價走勢

肺炎疫情

獲利穩定，領股利，
區間做價差。

獲利衰退，
股價不振。

資料來源：CMoney法人投資決策系統

價競爭，可以看見2021年的獲利又大衰退了。南六過去的獲利穩定，是可以採取「領股利，區間做價差」的操作方式，但是2020年的疫情攪亂了一池春水，公司的獲利歷經大成長與大衰退，股價也因此呈現大起大落的樣貌（圖表4-2-5）。

當公司獲利突然大好的時候，投資人要想一下為什麼？是不是短暫的？能不能長期持續下去？要知道肺炎疫情導致需求大增，讓獲利大成長，其實只能算是一次性的事件，反而要擔心未來的供過於求。

　　所以當市場處於一片樂觀，股價大漲時投資人反而要冷靜思考，不要一頭熱的跟風，才能夠趨吉避凶。對於獲利衰退的公司，絕對不要隨便低接，當心越撿越便宜，而是要仔細觀察供過於求、殺價競爭是否結束，獲利能否成長才是最重要的。

4-3 以台新金為例

低本益比好公司
物美價廉別錯過

以台新金為例，低本益比表示物美價廉，加上彰銀案並非台新金公司治理的問題，這種公司就適合撿便宜。

∴∴∴∴∴∴∴∴∴∴∴∴∴∴∴∴∴∴∴∴∴∴∴∴∴∴∴∴∴∴∴∴∴∴

台新金（2887）是一家不錯的公司，我也陸續存了幾百張，從圖表4-3-1可以看出公司的獲利算是穩定，而且同時發放現金跟股票股利，一旦填權息的報酬率也算是不錯。

獲利穩定 填權息機率高

以獲利大成長的2021年為例，年平均股價為16元，配發0.555元的現金股利，殖利率為0.555÷16＝3.47%，

發放0.454元股票股利，表示股票張數會增加4.54%，填權息的報酬率＝3.47%＋4.54%＝8.01%，算是不錯的了，而且還沒有計算股價上漲的價差。

由此可見，同時發放現金跟股票的公司，如果獲利能夠維持穩定（成長最好），填權息的機率就比較高，整體的報酬率也會高過只發放現金股利的股票。

圖表4-3-1	台新金（2887）歷年股利與EPS				單位：元
股利發放年度	股利			EPS	
	現金	股票	合計	獲利年度	EPS
2016	0.482	0.724	1.206	2015	1.39
2017	0.525	0.43	0.955	2016	1.14
2018	0.542	0.443	0.985	2017	1.15
2019	0.508	0.208	0.716	2018	1.09
2020	0.566	0.231	0.797	2019	1.19
2021	0.555	0.454	1.009	2020	1.17
2022	0.605	0.495	1.1	2021	1.63
2023	0.51	0.42	0.93	2022	1.09

儘管台新金的體質不錯，可惜因為彰銀案的拖累，股價長期低迷導致本益比相對偏低，從圖表4-3-2可以看出台

新金的本益比只在10倍附近,都低於玉山金。低本益比表示物美價廉,加上彰銀案並非台新金公司治理的問題,這種公司就適合撿便宜。

圖表4-3-2	台新金vs玉山金本益比						
股票名稱	股票代號	2018	2019	2020	2021	2022	平均
台新金	2887	13.12	11.76	11.28	9.82	15.41	12.28
玉山金	2884	13.16	14.62	18.67	17.08	25.45	17.8

　　由於台新金的本益比穩定,並同時發放現金跟股票股利,要用何種方法來計算股價呢?殖利率法比較適合都發放現金股利的公司,所以我會採用本益比法來分析台新金。

用本益比預測股價 有先決條件

　　上網搜尋台新金過去的股價跟EPS,然後計算每一年度的本益比來做參考(圖表4-3-3),例如2022年度的最高股價為21.2元,EPS為1.09元,最高本益比為21.2÷1.09＝19.45,然後用相同方法算出2022年的最低跟年均本益比,接著計算最近5年的本益比後再取平均值。

圖表4-3-3	台新金（2887）近年股價與本益比						
年度	股價（元）			EPS（元）	本益比		
	最高	最低	年均		最高	最低	年均
2018	15.35	12.95	14.3	1.09	14.08	11.88	13.12
2019	14.8	12.95	14	1.19	12.44	10.88	11.76
2020	14.8	10.1	13.2	1.17	12.65	8.63	11.28
2021	19.7	12.5	16	1.63	12.09	7.67	9.82
2022	21.2	12.45	16.8	1.09	19.45	11.42	15.41
平均	17.17	12.19	14.86	1.23	14.14	10.10	12.28

用本益比法來計算股價，最困難的一點是預估獲利。2022年台新金獲利大衰退，必須要了解原因為何？首先是美國暴力升息導致金融市場的劇烈波動，幸好台新旗下銀行、人壽、證券等核心業務表現仍屬穩健。

然而併購保德信人壽後衍生評價變動，以及啟動彰銀處分導致相關會計處理變動，也是獲利衰退的重要原因。不過上述不利因素，基本上都可以當成一次性的，不會在2023年持續造成影響。

2023年台新金累計前5月稅後純益73.7億元，年增率140.8%，創下歷年同期第3高，每股純益（EPS）為0.55元，在參考一些法人的預估數據後，先預估全年EPS為1.35元。

有了EPS跟本益比就可以估算出股價：最高價＝最高本益比×預估EPS＝14.14×1.35＝19.09（元）。同樣計算出合理價與便宜價，如圖表4-3-4所示。

圖表4-3-4	用本益比法預估台新金（2887）股價		
本益比	最高	最低	年均
	14.14	10.1	12.28
股價（元）	昂貴	便宜	合理
	19.09	13.64	16.58

要先提醒一下讀者，預估的EPS就存在誤差，所以要持續觀察每個月的獲利，修正EPS的預估值再來重新估計股價。

而且在計算出股價之後也要檢視合理性，觀察2023年前3月台新金的股價，多在15～16元間整理，符合計算出來的便宜價～合理價區間，可以看出估計存在一定的準確性；而後隨著大盤一路往上，加上台新金的獲利翻揚，2023年6月21日的股價來到19.15元，已經抵達昂貴價區間，此時就不適合貿然進場。

最後要注意一點，本益比法是用「過去」5年（也可

以採用3年、10年）的本益比，來預估「未來」的股價表
現。用過去表現來預估未來就存在著盲點，所以「獲利穩
定」是先決條件，如果獲利不穩定就不建議採用，我會在
後面單元的壽險金控中做詳細說明。

4-4 以台中銀為例

獲利長期穩定
領股票股利更迷人

投資的重點在於「時間」及「穩定報酬率」，長期投資要盡量挑選過去獲利跟配息穩定的公司，才能獲取穩定的報酬率。

想要有一個安穩的退休生活，就得善用投資來創造，而投資的重點在於「投資的時間」以及「穩定的報酬率」，如果要長期投資的話，盡量挑選過去獲利跟配息穩定的公司，才能獲取穩定的報酬率，作為民營銀行股的台中銀（2812）就符合這些標準。

每月 5,000 元 存到千萬退休金

在投資之前先來談談退休這回事，如果沒有規劃好下列事項，未來的退休金可能會不夠用：

①未規劃每月生活費

很多人總是以夠用就好來當作藉口,對於未來每個月的生活費,沒有計算出一個明確的數字,萬一不夠用時也只聽天由命。退休前幾年先記錄一下每個月的必要生活費,例如是5萬元,再增加一點比例來應付通膨,例如增加20%也就是6萬元,退休金就不會拮据了。對我來說,每個月的退休金當然是越多越好,所以我不斷地存股票,股利越領越多,我的退休金也就越多。

②沒有準備老年醫療費用

人生總是會有意外,萬一老年後長期臥病在床,醫療跟看護費用會是一大筆的額外支出。現代人越來越長壽,就算生病也可以存活很多年,也就需要更多的醫療費用,如果不想老後還要拖累子女,就要好好幫自己準備將來的醫療費。醫療費可以備而不用,但是一定要提前準備。

③退休金來源只有社會保險

勞保破產應該不是新聞吧?陳老師以前是捧著鐵飯碗的公務員,結果也是被砍了退休金,幸好我年輕時努力存股票,我有很多的股利可以當作退休金。有聽過狡兔三窟的故

事吧，除了社會保險之外，一定要有其他的退休金來源，例如房租、股利、債券利息……才能保障退休生活無虞。

④通膨影響實質購買力

2022年以來大家都感受到物價上漲的威力吧，早餐加1顆蛋要多15元，記得以前只要5元，後來是10元，以後會不會變成20元？平均壽命逐年增加，表示你要不斷面臨物價上漲的壓力，通膨將會是你退休生活的最大敵人。

我常常開玩笑說如果沒有好好規劃退休金，你在70歲時可以一天換3片尿布，但是到了90歲時只能3天換一片尿布，因為尿布的價格上漲了，但是你卻沒有其他的退休金來源啊！

對很多人來說，「退休」可能不是一件容易的事，特別是「通膨」與「長壽」，讓你需要有更多的退休金來源。究竟退休金要準備多少錢才夠用，要用哪些標準來評估？其實退休金並非越多越好，就算年輕時存了金山銀山，但也可能因為揮霍無度而快速花光。所以我覺得，退休金的重點在於「穩定」，成為好公司的股東，每年安穩領股利便是不錯的方法之一。

　　如果在65歲時可以存到1,000萬元的股票,每年領6%的股利的話,1年就有60萬元(1個月5萬元),就是你的退休金來源了。但是1,000萬元對一般的上班族來說也不是小錢,就算每年存25萬元,也要存上40年,真的是不輕鬆。

　　這時候就要善用投資了,假設小銘從25歲開始投資,年平均報酬率6%,每個月存5,000元(每年投入6萬元),在26歲那年會累積到6萬+(6萬×1.06)=12.36萬元,持續投資到65歲時會累積到990.3萬元(圖表4-4-1),已經接近1,000萬元的門檻了。如果每年投資20萬元(每個月約1.6萬元),65歲時可以累積到3,301萬元,每年6%的股利更高達198萬元,退休後應該可以每年環遊世界了。

圖表4-4-1	定期定額試算			單位:萬元
每年投入資金	投資累積金額			
	35歲	45歲	55歲	65歲
6	89.8	240	508.8	990.3
10	149.7	399.9	848	1,650.5
20	299.4	799.9	1,696	3,301

說明:以年報酬率6%試算

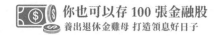
數字會說話 從過去表現挑好公司

呼應本章節開頭，投資的重點在於「時間」及「穩定報酬率」這2個關鍵，長期投資要盡量挑選過去獲利跟配息穩定的公司，才能獲取穩定的報酬率，從圖表4-4-2可以看出，台中銀就符合這些標準。

股利發放年度	股利（元）			年均股價（元）	獲利年度	EPS（元）	盈餘分配率（％）
	現金	股票	合計				
2016	0.5	0.17	0.67	9.12	2015	1.14	58.8
2017	0.55	0.17	0.72	9.72	2016	1.09	66.1
2018	0.45	0.25	0.7	10.3	2017	1.1	63.6
2019	0.28	0.52	0.8	11.7	2018	1.18	67.8
2020	0.28	0.52	0.8	11.4	2019	1.16	69
2021	0.24	0.45	0.69	11.6	2020	1.03	67
2022	0.25	0.5	0.75	13.6	2021	1.1	68.2
2023	0.3	0.42	0.72	14	2022	1.12	64.3
平均	0.36	0.38	0.73	11.43	NA	1.12	65.6

圖表4-4-2 台中銀（2812）歷年財務表現

說明：統計至2023/6/20

「數字會說話」是我研究股票的方式之一，讓我們試著從台中銀過去的財報，解讀一下這家公司，就能看出它是往好的方向發展。

①EPS穩定

台中銀EPS每年都在1.1元附近，相當穩定，表示公司有穩定的獲利基礎。但是EPS沒有增加的跡象，難道是公司不求進取，獲利沒有成長？這時侯就要觀察股利的發放狀況，特別是有沒有發放股票股利。

②股利穩定

台中銀每年的股利約在0.7元附近，通常獲利穩定的公司就會穩定配息。此外，公司同時發放現金跟股票股利，但是現金股利從2018年後開始變少，可以看出公司想要保留現金來擴展業務。相對的，則是在2018年後開始增加配發股票股利的比重，目的是維持穩定的股利金額（現金＋股票）。

但是配發股票股利會導致股本膨脹，副作用就是會稀釋EPS；然而台中銀的EPS又可以維持穩定，表示公司隨著股本的變大，有持續賺進更多錢，來維持EPS不被稀釋，這就是一個好的現象。

③盈餘分配率

可以看出盈餘分配率也非常穩定，平均是65.6%，也就是說公司如果賺到100元，會拿65.6元來回饋股東。台

中銀就是每年賺1.1元左右，然後發放0.7元左右的股利
（現金＋股票），可以看出公司很照顧股東。

④稅後盈餘

儘管發放現金股利比較小氣，但是持續發放股票股
利，還能夠維持EPS的穩定，說明公司有將盈餘拿去賺更多
的錢，所以公司的股本與稅後淨利不斷成長，公司的規模
與競爭力也越來越大，可以看出是往好的方向前進。

接下來看看台中銀歷年股本與稅後淨利的變化（圖表
4-4-3），可以觀察出以下幾點。

圖表4-4-3	台中銀（2812）股本與稅後淨利						單位：億元	
年度	2015	2016	2017	2018	2019	2020	2021	2022
股本	318	324	329	353	371	415	454	502
稅後淨利	34.8	35.1	36.3	40.1	43.2	40.3	48	53.4

①股價成長 由於公司維持正向的發展，加上台股大盤
持續往上，公司股價也從2016年的9塊多，上漲到2023年
的14塊多，投資人除了領到股利，也同時賺到價差。

②年平均報酬率 首先要提醒一下，過去的報酬率都是

①現金股利殖利率

2016 ～ 2023 年的年平均股價為 11.43 元，平均發放 0.36 元現金股利，現金股利殖利率為 0.36÷11.43 = 3.15%。

....

②股票股利殖利率

平均發放 0.38 元股票股利（1 張配發 38 股，也就是增加 3.8%），因為 2023 年股價在高點，表示過去的配股都有填權，所以股票的殖利率為 3.8%。

....

③總和殖利率

現金股利殖利率＋股票股利殖利率 = 3.15% + 3.8% = 6.95%，算是不錯的。

僅供參考，過去的表現也不代表未來，所以不用太關心過去的報酬率是多少，如果未來公司的獲利衰退，也無法維持過去的報酬率。由於台中銀過去的獲利穩定，可以簡單估算年平均報酬率。

圖表4-4-4拿台中銀跟國民ETF的0050、0056做比較，發現只是稍遜於0050，卻還勝過0056，原因也不難理解，0050裡面有將近一半是台積電，受到台積電過去大漲

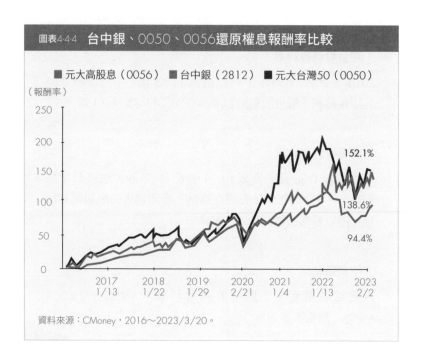

圖表4-4-4 台中銀、0050、0056還原權息報酬率比較

■ 元大高股息（0056）　■ 台中銀（2812）　■ 元大台灣50（0050）

（報酬率）

152.1%

138.6%

94.4%

|2017 1/13|2018 1/22|2019 1/29|2020 2/21|2021 1/4|2022 1/13|2023 2/2|

資料來源：CMoney，2016～2023/3/20。

而拉高報酬率。

　　至於0056因為是用現金殖利率來選股，挑選的成分股大多是獲利穩定，並發放現金股利的成熟企業，報酬率自然會遜於獲利成長並發放股票股利的台中銀。

　　投資的重點在於「增加張數、降低成本」，最好的方法就是用股利持續買回，可以免費增加張數，例如在2022年台中銀每股發放0.25元現金股利，1張股

票可以拿到250元，用年均股價13.6元計算可以買回
250÷13.6＝18股，加上配發0.5元股票股利（1張可
以拿到50股），原始的1張股票在除權息之後會成長為
1.068張。

買在便宜價 可觀察均線

如果想要增加報酬率，重點是「買便宜」，也就是要
在低點時勇敢加碼，但是加碼時有一個前提，就是公司的
體質並沒有變差，而是大環境不佳導致股價下跌，也就是
「好公司碰到倒楣事」。

例如2020年因為疫情導致全球股市重挫，2022年美國
暴力升息造成台灣大盤下跌6,000點，但是這2年台中銀的
獲利仍然穩定，所以並非是公司治理出了問題，而是大環境
不佳而帶衰股價，此時便是撿便宜的好時機。

那麼幾塊錢的股價才算是便宜？其實股價是動態波動
的，沒有一定的價位是最便宜，只能夠找到「相對」便宜，
我習慣用20週線來判斷。那20週線又是什麼？首先要來講
一下移動平均線（Moving Average，簡稱MA），均線就是

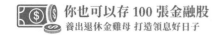

計算過去一段時間的歷史平均成交價格，可以是5日、20日，也可以是5週或是20週。

> 5日（週）線就是把過去 5 日（週）的收盤價加總再除以 5，可以計作：5MA 或是 MA5。
>
> ⋯⋯⋯⋯⋯⋯⋯⋯⋯⋯⋯⋯⋯⋯⋯⋯⋯⋯⋯⋯⋯⋯⋯⋯⋯⋯⋯⋯⋯⋯
>
> 20日（週）線就是把過去 20 日（週）的收盤價加總再除以 20，可以計作：20MA 或是 MA20。

例如圖表4-4-5的台中銀股價走勢 ，選擇「週線」後，MA5就是5週線，MA20則是20週線，當股價低於20週線時，表示現在的價位比過去20週的平均值還要便宜，就是相對的低點了。投資人經常問到究竟要選擇日線、週線還是月線，其實要看你是要短線進出，還是長期投資。

①日線 時間最短，可以迅速反映當時的情況，缺點是容易被騙。例如突發的利多（利空）消息導致股價上漲（下跌），日線也會向上（向下）。這時候如果太依賴短期的均線走勢，就容易被臨時的消息所困惑，例如作手突

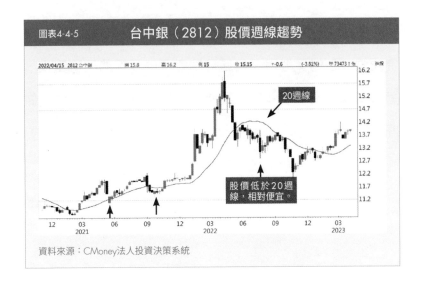

圖表4-4-5　台中銀（2812）股價週線趨勢

20週線

股價低於20週線，相對便宜。

資料來源：CMoney法人投資決策系統

發的炒作導致股價上漲，如果看到線圖翻揚就跟著追高，很容易被作手倒貨割韭菜。

②週線　時間較長，可以看出較長期的趨勢。例如5日線只是採用5天的平均值，股市炒手只要炒作2～3天的股價就可以影響線圖；但是5週線是採用5個星期的平均值，炒手不容易有資金可以連續炒作2～3個禮拜。如果是20週線則更難受到人為影響，大多是反應公司或市場的長期趨勢，也就比較客觀，所以20週線是我在逢低加碼時參考的重要指標之一。

③月線 因為時間太長所以反應不夠靈敏,很難拿來作為短線價差的參考用。但是月線會反應長期的經濟變化,適合長期投資的參考用,我會在之後「壽險金控」單元做詳細的說明。

4-5

隨景氣波動
證券股別長抱不放

當股市成交量不正常暴增時，政府也會出面降溫，避免金錢遊戲太過猖獗，所以當證券股大賺錢時，可以考慮適度地獲利了結。

先來看一下《工商時報》在2022年4月18日的這篇新聞：「證券商2021年受惠台股量價齊揚行情，業績大幅衝高，股利分派可觀，群益證（6005）、康和證（6016）、宏遠證（6015）等現金殖利率都超過10%，而統一證（2855）殖利率也高於8%，福邦證（6026）還未公布，但也有高配股利的實力，宏遠證15日股價攻堅漲停，證券股也多有逆勢抗跌表現。」

殖利率超過10%，是不是好棒棒？但是每年都可以維持10%嗎？思考一下，證券公司的主要收入來源是不是客戶下

單的手續費？股票在買進跟賣出時，券商會收取0.1425%的
手續費，電子下單通常會打6折左右，如果陳老師今天買進
跟賣出1,000萬元股票，就要支付1,000萬×（0.1425%＋
0.1425%）＝2.85萬元手續費。由此可見，當股市交易熱絡
時，券商收到的手續費也就會越高。

股市熱絡、當沖盛行 券商手續費賺滿滿

讓我們看一下加權指數走勢圖（圖表4-5-1），2021年
受惠於當沖降稅，不少小資族沉迷於航海王（航運股）、鋼

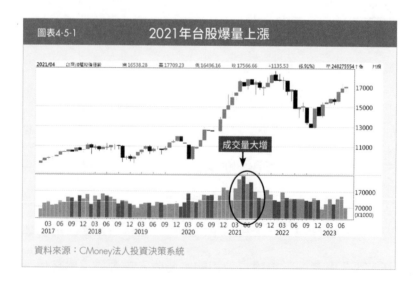

圖表4-5-1　2021年台股爆量上漲

成交量大增

資料來源：CMoney法人投資決策系統

鐵人（鋼鐵股）的「無本當沖」，當然也貢獻了不少的成交量。2021年4月22日台股爆出7,675億元史上最高成交量，其中當沖交易量高達4847.21億元，收取手續費的券商自然是賺得盆滿缽滿。

但是股市沒有天天過年，2022年受到俄烏戰爭、美國升息影響，股市開始走跌，加上當沖冷卻，大盤的交易量也從高點往下，券商的收入紛紛減少。其實當沖並不是罪惡，比如我在9點買了股票，10點後悔了當然可以賣出，當沖的罪惡在於「無本」，想要不用本金、靠著一買一賣來賺價差，萬一你賣不出去、沒有錢交割呢？一旦違約交割的後果也是挺嚴重的，所以我是反對無本當沖，有以下幾個原因：

①違約金（罰款） 一旦違約交割，投資人要繳交一筆最高7%的違約金，要注意是以成交金額計算，而不是違約交割金額。例如當天買進成交400萬元，但是你戶頭內只有300萬元，不足的違約金額只有100萬元，可是最高就要支付400萬×7％＝28萬元的罰款。曾經有人付不出違約交割金加罰款，拿房子做抵押，最後也全部賠掉。

　　②違約交割下場　券商法務部會向法院申請執行扣押名下財產，券商也會扣押你每月的部分薪資，分期攤還違約交割金額，直到清償完畢。此外，券商也會同步通報聯合徵信，你就會掛上信用不良的紀錄，將來貸款買房子也會有困難。

　　根據統計，2020～2021年這2年整體當沖族共賠掉了630億元（圖表4-5-2），當真應了那句「十賭九輸」，只有莊家的券商跟政府才是大贏家。千萬不要再相信無本當沖，不然你只會是被莊家收割的韭菜。

圖表4-5-2		當沖交易統計					
年度	買進（兆）	賣出（兆）	總收益（億）	證交稅（億）	手續費（億）	投資人損益（億）
2020	15.254	15.281	269.37	229.21	217.56	-177.4
2021	39.049	39.118	690.44	586.77	556.94	-453.27

獲利不穩定 股市遇高點先出脫

　　2022年2月不幸爆發俄烏戰爭，全球股市籠罩著一片陰霾，美國為了打壓日益高漲的通膨，在2022年累計升息了

17碼（1碼為0.25%），股市開始由高點反轉，台股成交量更是急凍，2022年12月26日只剩下1,124億元的交易量，幾乎是最高點的七分之一，券商的手續費收入自然是銳減。

從圖表4-5-3可以看出，券商2022年的獲利都較2021年大幅衰退，而且也可以看出券商的獲利呈現景氣循環，並不穩定。獲利不穩定的公司，其實並不適合抱著長期投資。

圖表4-5-3	券商每年獲利並不穩定								
公司	宏遠證（6015）			統一證（2855）			康和證（6016）		
年度	股利（元）	年均殖利率（%）	EPS（元）	股利（元）	年均殖利率（%）	EPS（元）	股利（元）	年均殖利率（%）	EPS（元）
2018	0.36	5.06	-1.2	1.2	8.53	0.87	0.8	9.89	-0.45
2019	0	0	0.4	0.699	5.22	1.72	0.3	4.01	0.47
2020	0.157	2.19	1.24	1.2	8.22	2.58	0.4	4.67	1.83
2021	0.5	2.76	**3.74**	1.9	7.85	**2.75**	1.22	8.21	**2.33**
2022	2.4	18.3	**-0.63**	1.89	10.3	**0.5**	1.55	13.1	**-0.25**

提醒一下讀者，2022年配發的股利是來自2021年的獲利，從圖表4-5-3可以看出券商在2021年賺大錢，2022年的股利都很大方，殖利率甚至高達10%以上，這其實是毒糖果表面的糖衣。

　　你如果貪戀2022年的高股利而買進，就剛好碰到2022年股市低迷，券商獲利衰退、股價下跌，結果是領到股利卻賠上價差，然後股利還要繳所得稅與補充保費，完全是賠了夫人又折兵。以下拿2022年股利殖利率高達18.3%的宏遠證（6015）當例子，儘管領到現金跟股票股利，但是最後還是賠錢收場。

　　除息前一天（2022年7月27日）收盤價為13.8元，買進1張宏遠證，配息1.8元、配股0.6元，1張拿到1,800元與60股。2022年12月30日收盤價8.77元，總價值為1,800元＋（1,060股×8.77元）＝11,096元，每張獲利為11,096－13,800＝-2,704元，也就是賠錢了。

　　我一貫將證券股當作景氣循環股，當獲利好、股利高的時候應居高思危。要知道當股市成交量不正常暴增時，政府也會出面降溫，避免金錢遊戲太過猖獗，而且股市也不可能一直在高點，所以當證券股大賺錢時，可以考慮適度地獲利了結，而當股災降臨，股市成交量急凍，券商獲利衰退甚至是虧損時，就可以開始進場，耐心等待股市的下一波榮景。

4-6 以國泰金為例

配息相對小氣
壽險股適合波段操作

壽險為主的金控因為殖利率較低、股利不迷人,而且獲利呈現景氣循環,比較適合漲跌之間賺價差,並觀察聯準會的利率政策。

什麼是壽險為主的金控?拿老牌的國泰金(2882)來舉例說明,這家壽險金控公司成立於2001年,並在同一時間掛牌上市,目前為台灣最大金控公司,公司初期以國泰人壽為主體,2002年起逐步增加國泰世華銀行、國泰世紀產險、國泰證券、國泰投信等子公司,擁有完整的金融產品與服務。

從圖表4-6-1觀察國泰金獲利組成,可以看出人壽與銀行為獲利雙引擎,但是人壽的比例最高。

圖表4-6-1　國泰金（2882）獲利結構

■國泰人壽　■國泰世華銀行　■金控母體及其他

資料來源：國泰金

壽險金控獲利 與資本市場高度相關

國泰金在2022年之前，獲利呈現穩定向上成長的趨勢，其中2016年與2018年出現衰退，主要是因為資本市場表現不佳而影響壽險投資收益。2021年受惠於低利率，全球資本市場呈現大多頭走勢，獲利創下歷史新高。

由於壽險公司投資部位以國外債券為主，2022年受到美國大幅升息影響，隨著殖利率上升而使債券價格下滑，導致2022年投資收益率跟著下滑，而股市下跌也影響投資收

益，由此可以看出壽險金控獲利與資本市場呈現高度正相關，是研究未來股價走勢的重點。

　　印象中的壽險公司都很賺錢，那麼股利會很大方嗎？國泰金跟富邦金（2881）的業務都是以壽險為主，中信金（2891）在併購台灣人壽之後，壽險業務的比例也大增，先從圖表4-6-2看一下這3家公司最近幾年的股利政策：

　　①殖利率 可以看出3家金控的平均殖利率還不到5%，只能算是差強人意。2020年因為疫情影響，美國大幅降息，導致國際熱錢從銀行流出，進入股市跟債券，2020、

圖表4-6-2		壽險金控股利比較					單位：%
年均殖利率				盈餘分配率			
股利發放年度	中信金	國泰金	富邦金	獲利年度	中信金	國泰金	富邦金
2018	5.08	4.79	4.53	2017	56.5	55.9	44.3
2019	4.77	3.53	4.47	2018	54.1	38	44.2
2020	5.05	5.02	4.67	2019	46.3	42	36.6
2021	4.66	4.68	5.84	2020	48.8	46.2	46.8
2022	5.05	6.86	6.33	2021	45.8	33.8	32
2023	4.36	2.1	3.38	2022	64.5	34.9	56.5
平均	**4.83**	**4.5**	**4.87**	平均	**52.67**	**41.8**	**43.4**

說明：統計至2023/6/2

2021年股債雙漲讓壽險金控大賺錢，在2021、2022年發放較多股利，因而拉高了平均殖利率。

然而2022年獲利衰退，2023年的股利又開始縮水了。可以看出壽險金控的殖利率相對較低且不穩定，如果是要長期投資領股利，小型銀行股的殖利率恐怕會略勝一籌。

②盈餘分配率 國泰金跟富邦金的盈餘分配率僅約4成，中信金在2016年併購台灣人壽之後，盈餘分配率也開始下滑到5成附近。低盈餘分配率表示公司要盡量把獲利保留在公司，相對的就會對股東小氣。

③資本適足率 資本適足率＝自有資本淨額÷經風險係數調整之風險性資產。壽險金控就是將客戶的保費拿去投資，希望可以得到更高的報酬，但是在外投資就會有一定的風險，所以公司必須要擁有足夠的資本，才能抵禦意外造成的投資虧損（想像一下，你在外投資了1,000萬元股票，如果在家裡放200萬元現金是不是比較安心）。

由於公司都希望業績越大越好，也就是收取越多的保費，進行越多的投資（風險越高），就必須要有更多的自有資本才能保障安全。將公司每年的盈餘盡量保留在公司，是

增加自有資本的最快方法，相對的就是賺得多卻配得少，壽險金控的盈餘分配率就偏低了。

④72法則 以壽險金控5%不到的殖利率來說，存股的速度會稍嫌緩慢，在這邊介紹一下「72法則公式」：72 ÷年化報酬率＝本金翻倍的時間，這是一個經驗公式，計算出來的只是近似值。

假設壽險金控的殖利率為4%，領到股利後持續買回，那麼在72÷4＝18年後你的資產才會翻倍。如果是資產百萬的小資族，18年後才能變成200萬元，是稍嫌久了一點，必須要尋找更快的獲利方法。

持多項投資商品 股價隨市場波動

那麼要怎樣增加壽險金控的報酬率呢？先來整理一下前面說到的，壽險公司必須要增加自有資本來提高資本適足率，所以只好減少配息並降低盈餘分配率，才可以在外大舉進行股債等風險性的投資，當行情大好時就可以賺進更多的投資收益。如果壽險公司採取高配息，可能會導致自有資本不足，當資本適足率過低時，就無法在外增加風險性的投

資，當然也就無法賺到更多的錢。

　　壽險金控的老闆都希望越賺越多，所以在配息上面都比較小氣，山不轉可以路轉，如果股利不迷人，那麼就從價差上面來增加報酬率。當景氣好時，壽險公司的風險性投資（股票、債券）會大賺錢，導致股價大漲；而當景氣不振時，股債投資的獲利減少也會導致股價下跌。在股價的漲跌之間，就可以賺取價差了。

　　從圖表4-6-3可以看出，2021年因為利率在低點，股債雙漲讓富邦金每股賺進12.49元，股價最高達到85.7元，儘

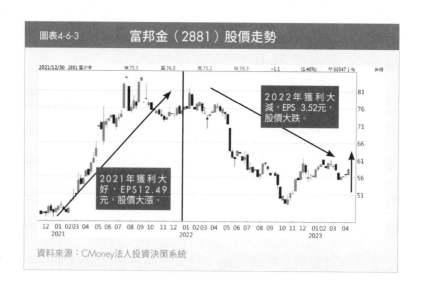

圖表4-6-3　富邦金（2881）股價走勢

2021/12/30 2881 富邦金　開 75.5　高 76.9　低 75.2　收 76.3　＋1.1　(1.46%)　所 60547 1 億

2022年獲利大減，EPS 3.52元，股價大跌。

2021年獲利大好，EPS12.49元，股價大漲。

資料來源：CMoney法人投資決策系統

管當年配發4元股利（3.5元現金＋0.5元股票），但是買在80元以上的殖利率不到5%，意味著股價偏高了。

2022年美國暴力升息，股債雙跌讓富邦金的每股獲利大幅滑落到3.52元，股價最低跌到47.7元。如果在80元以上獲利了結，不參加除權息，並在50元以下將股票買回，賺到了30元價差，是不是勝過領4元的股利呢！

「高出低進」說起來很美好，但這似乎是事後諸葛？其實股價是反應未來的獲利，仔細研究的話還是有跡可循，美國聯準會的利率政策就是觀察重點。

投資就是觀察金錢的流動，2020年因為疫情蔓延，全球遭逢股災，為了要恢復投資人的信心，聯準會將利率直接降到底部，這時候把錢放在銀行也領不到多少利息，於是錢就會從銀行跑出來，轉而投資股票跟債券，所以2020、2021年可以看見股債雙漲的榮景，就是因為大降息。

然而降息導致市場上的錢太多，金錢遊戲盛行就會引發通膨（過多的金錢追逐少量的商品），特別是2022年俄烏戰爭開打，全球籠罩在高通膨的陰影之下。美國通膨率超過8%，聯準會只好採取激烈的升息手段來因應，光是2022年

就一口氣升息了17碼（4.25%）。

升息意味著將錢放在銀行比較划算，所以投資人紛紛將股票跟債券賣掉，放在銀行安穩地領利息，也就造成股市跟債券市場下跌。2022年外資賣超台股1.3兆元，導致大盤重挫6,000點，就是美國劇烈升息、外資撤出的後遺症。

壽險公司持有很多股票跟債券投資，獲利受到聯準會利率政策的影響很大，當2020年疫情爆發時，如果危機入市買進壽險金控股票，隨後的降息有助於壽險公司獲利，投資人就抱著領股利，2022年察覺到美國要劇烈升息後，在高點出脫股票便能獲利了結。

從2008年金融海嘯以來，只要遭逢股災，美國聯準會的劇本就是「股災→降息→股市反彈→通膨升高→升息→股災→降息……」只要了解這個套路，你不必學諸葛亮未卜先知，也可以順勢低進高出來做價差。

景氣循環 本益比要倒過來操作

前面提過「本益比法」適合挑選物美價廉的股票，但前提是獲利要穩定，那麼壽險金控適合用本益比法評估嗎？

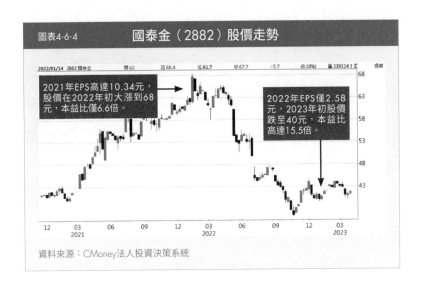

圖表4-6-4　國泰金（2882）股價走勢

2021年EPS高達10.34元，股價在2022年初大漲到68元，本益比僅6.6倍。

2022年EPS僅2.58元，2023年初股價跌至40元，本益比高達15.5倍。

資料來源：CMoney法人投資決策系統

從圖表4-6-4可以看出，2022年初國泰金反應前一年度的高獲利（EPS為10.34元），股價最高來到68.4元，本益比僅68.4÷10.34＝6.6倍；2022年獲利大縮水（EPS為2.58元），2023年初股價跌破40元，本益比為40÷2.58＝15.5倍。

　　理論上，2022年初本益比僅6.6倍，是買進的好時機，而2023年初本益比高達15.5倍，是反手賣出的時候了！但是如果按照上述來操作，反而會買在68元的高點，而賣在40元的低點，運用本益比法來操作反而賠錢了！又是為什麼？

其實要了解：本益比＝股價÷EPS，如果是採用去年的
EPS，其實是過去式了。股價是反應未來的業績，壽險金控
跟景氣循環股類似，獲利會在高低點之間循環，所以反而要
在高本益比（獲利衰退）時買進，等到低本益比（獲利高
峰）時賣出，賺到的價差會遠勝存股。

操作價差 可參考 KD 指標

前面講到了利用經濟政策（利率走勢）及本益比法（股
價與公司獲利）來操作壽險金控賺價差。下面繼續介紹利用
技術分析的「KD指標」，來做價差的方式，首先要介紹K線
跟D線。

> K 值：快速平均值，反應較靈敏。
> D 值：慢速平均值，反應較不靈敏。
> K 值大於 D 值：代表目前處於漲勢。
> K 值小於 D 值：代表目前處於跌勢。

一般常看到的「K9」，9指的是時間，日線就是統計

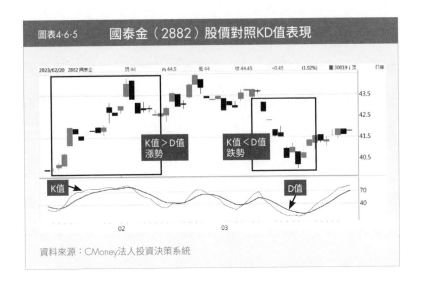

圖表4-6-5　國泰金（2882）股價對照KD值表現

K值＞D值
漲勢

K值＜D值
跌勢

K值

D值

資料來源：CMoney法人投資決策系統

最近9個交易日，週線則是9週，月線則是9個月。日線的
期間較短也較靈敏，但容易被短線消息所誤導；月線則可
以看出長期的趨勢，缺點是要等待幾年才會碰到；所以我
比較常使用週線作參考，時間長短較為適中。當K、D線交
叉時，通常代表趨勢的轉變。

黃金交叉：K值在低點，由下往上突破D值時，買進做多。
死亡交叉：K值在高點，由上往下跌破D值時，賣出做空。

技術分析的好處就是不用管什麼財經政策，也不需要知道公司的營收獲利，只要盯著KD線圖，黃金交叉時買進，死亡交叉賣出做價差，因此廣受技術分析派投資人的喜愛。

但真的穩賺不賠嗎？技術分析是統計過去的股價走勢，預測未來就存在著盲點，從圖表4-6-6可以看出還是會有失誤的時候，所以請記住「僅供參考」這4個字。投資股票首先要了解整體的財經環境，再研究公司的獲利趨勢，最後用技術分析來預測買賣點。

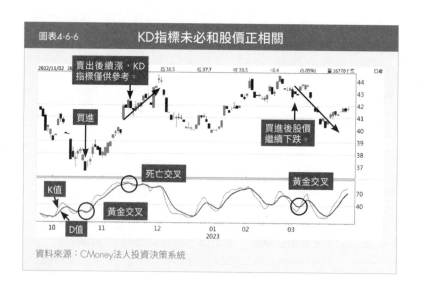

圖表4-6-6 KD指標未必和股價正相關

資料來源：CMoney法人投資決策系統

　　再次提醒，技術分析只是輔助，投資股票應以本業獲利為主，以圖4-6-6來看，必須注意以下幾點：

　　①日線容易被騙 日線是反應短期內消息，優點是機動性強，但是缺點則是容易被騙。例如在2023年3月7日黃金交叉時買進，結果美國矽谷銀行卻在同年3月10日宣布倒閉，拖累國泰金股價下跌近10%。

　　②分配資金 參考日線買進時，我一定會做好資金配置，一開始只會投入部分資金來試水溫，萬一繼續下跌才有錢可以逢低加碼。

　　那麼往後加碼的時機要如何選擇呢？我會等待日KD從底部往上，甚至是週KD產生黃金交叉，這時候再來慢慢加碼買進。

　　③好公司 KD指標僅供參考，重點還是買進好公司，像國泰金這種大到不會倒的公司，萬一買進後股價持續下滑，還可以抱著領股利並持續往下加碼，我相信還是有很高的勝率。如果是你不熟悉的公司，或是新創、生技類公司沒有賺錢，只有本夢比的股票，不建議參考KD指標買進，萬一被套在高點就會很麻煩。

殖利率低、獲利不隱 不適合長期持有

壽險為主的金控因為殖利率較低,而且獲利呈現景氣循環,所以我習慣做價差。一個景氣循環通常需要幾年的時間,所以我會參考長線的月KD指標,從圖4-6-7可以看出,當月KD指標的K線位於20以下的低點時,往往是買進國泰金的好時機。

透過圖表4-6-7國泰金股價與KD指標的關係,我們可以觀察到以下幾點:

①**不適合長期持有** 股價從2013年的40元左右,到了

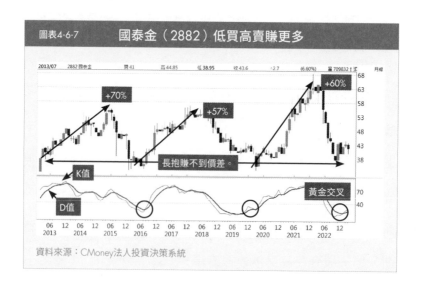

圖表4-6-7 國泰金(2882)低買高賣賺更多

資料來源:CMoney法人投資決策系統

2023年一樣在40元附近，長期持有根本賺不到價差，只有每年拿5%不到的股利，根本不迷人。

②景氣循環 股價隨著獲利呈現上下波動的景氣循環，一個循環大約是3年左右（2013～2016年，2016～2019年，2020～2023年）。

③採用月KD 長達幾年的景氣循環，就適合參考月KD指標。當KD在低點（20以下）或是黃金交叉時，通常是長線的低點了！不過此時往往是景氣低迷時，股價不容易馬上反彈，我通常會花幾個月的時間布局，然後耐心等1～2年後的股價反轉。

④價差賺得多 壽險為主的金控，做價差的報酬率會勝過存股。從圖4-6-7可以看出，2013～2023年這10年間，價差可以賺到70%＋57%＋60%＝187%，但是股利只會領到50%（年均約5%），顯然做價差確實會有更高的報酬率。

從圖4-6-7也不難看出，40元以下的國泰金往往是長期的低點，所以在2022年11月股價跌破40元大關，加上月KD指標在20以下的低點時，我就開始進場買進，並持續逢低加碼。打算等到2024、2025年美國進入降息循環，

國泰金投資的股票、債券上漲，公司獲利大增讓股價大漲時，我再來伺機出脫。

2022年對壽險金控來說是一個歹年冬，美國暴力升息17碼，又加上防疫保單攪局，獲利大幅度衰退，但都可以算是單一的事件，所以2023年應該是否極泰來的一年。

以上只是分享我投資壽險金控的心得，基本上大型壽險金控，像是富邦金、中信金、開發金、新光金，操作的策略也是大同小異的！讀者可以先了解我的操作邏輯，再來舉一反三。

NOTE

chapter
5

**存 ETF 領息
效果比金融股好？**

5-1

金融股好複雜
存ETF較省事？

**金融股需要花時間研究銀行、壽險、證券的不同，相當耗費心力。
ETF 的優勢則是分散持股、汰弱換強，讓你不傷腦筋選股。**

··

想要存金融股來領股利跟賺資本利得，但是金融產業又分成銀行、壽險、證券、票券、租賃等不同產業，研究起來太過耗時，而且也沒有那麼多的資金，可以分散投資到不同的產業。

那麼乾脆買進金融股比重較高的ETF，一次持有一籃子的金融股，而且ETF還會主動汰弱換強，就可以用懶人法投資了嗎？

目前台灣只有1檔純國內金融股的ETF，就是元大MSCI

金融（0055），先來介紹一下特點。它是在2007年7月
16日掛牌上市，成立的價格為每股15元，指數以MSCI臺
灣指數（MSCI Taiwan Index）成分股為母體，挑選在證交
所上市的金融產業，並依照個股的流通市值排列後，選出
市值前85%的金融股，成分股的數量不固定，基本資料如
圖表5-1-1所示。

圖表5-1-1	元大MSCI金融（0055）
追蹤指數	MSCI臺灣金融指數
經理費	0.4%
收益分配	年配
成分檔數	不固定
漲跌幅	10%

壽險金控占比高 拉低殖利率

　　圖表5-1-2先來看一下過去的績效表現（取自元大投
信官網，2023年6月），只能說是中規中矩，並不突出，
原因是侷限於金融產業，而且ETF為了分散持股，所以
0055持有不同類型的金融產業（壽險、銀行、證券、租

賃……），但是因為壽險金控的市值較大，所以是0055的主要成分股。

圖表5-1-2	元大MSCI金融（0055）績效表現						單位：%	
期間	3個月	6個月	1年	2年	3年	5年	今年以來	成立以來
績效	1.86	2.96	−1.93	15.82	48.51	58.16	6.89	130.72

資料來源：理柏、公會、元大投信，日期截至2023/5/31。

然而前面章節也說到了，壽險類股的股價走勢呈現景氣循環，且殖利率不會太迷人，因此長期持有壽險類股的

圖表5-1-3　0055成立以來淨值表現

（元）

資料來源：理柏、公會、元大投信，2023/5/31。

0055，報酬率跟殖利率當然不會太好看。

接著來看一下0055的成分股（圖表5-1-4），寫書時為17檔，壽險業務為主的富邦金（2881）、中信金（2891）、國泰金（2882）、開發金（2883）、新光金（2888），合計權重為36.31%。2022年受到美國暴力升息以及防疫保單的影響，壽險為主金控的股價表現不佳，當然也拖累了0055的報酬率。

儘管0055持有不少以銀行為主的金控，受惠於2022年升息導致利差加大，銀行的獲利增加，但是相較於壽險金控，銀行股的權重較小，所以對0055整體報酬也沒有辦

圖表5-1-4	元大MSCI金融（0055）成分股				
股票代號	股票名稱	權重（%）	股票代號	股票名稱	權重（%）
2881	富邦金	10.08	2887	台新金	4.56
2891	中信金	9.77	2883	開發金	4.49
2882	國泰金	9.35	2880	華南金	4.38
2886	兆豐金	9.29	2890	永豐金	3.93
2884	玉山金	7.8	5876	上海商銀	3.88
5871	中租-KY	6.69	2888	新光金	2.62
2892	第一金	6.52	2801	彰銀	2.19
5880	合庫金	6.1	2834	臺企銀	1.89
2885	元大金	5.38	—	—	—

資料日期：2023/6/21

法做出太大的貢獻。

例如2022年臺企銀（2834）獲利成長近1倍，年報酬率達到37%，但因為在0055裡面僅占1.89%權重，對0055的貢獻僅1.89%×37%＝0.7%，面對壽險金控重挫，臺企銀顯然是螳臂擋車。所以，在研究ETF的未來表現時，一定要關注它的主要產業跟持股。

金融股給投資人的印象就是股價便宜、配息穩定、高殖利率、不怕倒閉，但是0055卻稱不上「高股息」，從圖表5-1-5可以看出平均殖利率僅3.59%，相較於一般銀行股動輒5%以上的殖利率，表現乏善可陳。

圖表5-1-5	元大MSCI金融（0055）歷年殖利率							
年度	2016	2017	2018	2019	2020	2021	2022	平均
現金股利（元）	0.45	0.5	0.65	0.7	0.65	0.75	0.87	0.65
年均股價（元）	13.2	15.5	17.3	18	17.7	21.6	23.5	18.11
年均殖利率（%）	3.41	3.23	3.76	3.89	3.67	3.47	3.7	3.59

搞懂 ETF 特性 在大跌時買進

主要原因在於0055是用市值選股，並非用殖利率為標

準，而且市值大的多是配息較少的壽險金控，當然會拉低整體的殖利率。

再來就是ETF必須持有許多的成分股，分散投資時自然也會挑到殖利率較低的股票，如果想要拿到多一點股利，自行挑選金融股來存股，或是選擇高股息ETF，相信會比較適合。

來做一下總結，0055主要成分股為壽險金控，但是它們的股利少，而且股價呈現景氣循環，因此長期存0055並沒有優勢，股利較少、資本利得的空間也不大。從圖表5-1-6可以看出，0055應該順著壽險股的景氣循環做價差，在壽險股大跌後買進，耐心持有領股利，等到壽險類股大漲後賣出賺價差，報酬率遠勝存股領股利。

從0055成交量可以看出多數人買在大漲時，其實並非明智之舉；要記得股市中的一句名言：「當大家貪婪時我要恐懼，當大家恐懼時我要貪婪。」0055的殖利率本來就不高，如果買在高點只會得到較低的殖利率，而且還要承擔股價下跌的風險！ETF的優點是不容易變壁紙，最好的買進時間點是「大跌」，而非大漲時。

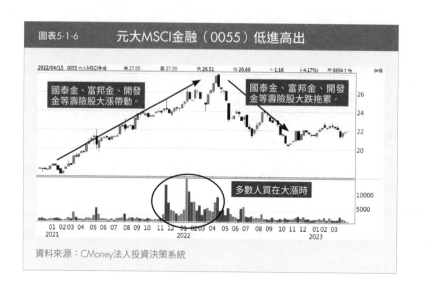

圖表5-1-6　**元大MSCI金融（0055）低進高出**

國泰金、富邦金、開發金等壽險股大漲帶動。

國泰金、富邦金、開發金等壽險股大跌拖累。

多數人買在大漲時

資料來源：CMoney法人投資決策系統

金融股 vs 含金 ETF 有 4 點差異

接著來分析到底存金融股好，還是存0055比較好？差別在於以下幾點：

①股利 銀行為主的金控與民營銀行，股利殖利率較佳；0055因為持有股利少的壽險類股，殖利率相對較低。

②資本利得 壽險金控股價呈現景氣循環，如果可以適當地獲利了結賺價差，報酬率應會勝過存0055。

③風險 持有17檔成分股的0055，風險自然比單一金融股還要低，最大的優點是股災時可以持續逢低加碼，不用

擔心0055變壁紙。但是分散風險也是兩面刃，ETF在分散風險的同時也會分散報酬率，所以只能夠得到中庸的報酬率。

④研究 投資個股需要花時間研究，金融股更要了解銀行、壽險、證券等產業的不同，相當耗費心力。但是ETF會分散持股並主動汰弱換強，0055在每年2、5、8、11月進行成分股審核與更換，投資人不用傷腦筋選股。

中信特選金融 投資海外 無漲跌幅限制

ETF還有一個好處，就是可以投資全世界，畢竟我們很難研究許多國家的股票。中信特選金融ETF（00917）是台灣第一檔專注在海外金融股的ETF，成分股涵蓋美國、英國、德國、法國及香港5個國家（區域）的金融產業，如果你長期看好全球金融發展，就可以考慮00917。

由於是投資海外的股票，所以經理費較高，而且股價沒有漲跌幅限制，這是與國內成分股ETF的最大不同之處，基本資料如圖表5-1-7。

其成分股跟國內的金融股有很大的不同，包含4大金融引擎：

圖表5-1-7	中信特選金融ETF（00917）
追蹤指數	ICE FactSet特選金融及數據指數
經理費	0.9%
收益分配	年配
成份檔數	50檔
漲跌幅	不固定

①交易所 掌握各國交易命脈，隨著經濟的發展，全球股市的成交量及掛牌數越趨蓬勃，交易所就是股市中穩賺的包租公。

②資產管理公司 包含私募、主動基金、ETF、REITs等，全球富人持續增加，資產管理需求大增，可以得到持續性的管理收入。

③銀行及證券商 2022上半年因俄烏戰爭導致通膨大增，必須借助升息來壓抑通膨，有利於銀行業放貸利差擴大，股價表現可期。

④金融數據及分析公司 包含指數公司（標普、MSCI）、信評機構（標普、穆迪）、數據分析（晨星、FactSet），大家熟知的ETF、共同基金指數編製及授權，都是這些公司在負責，可以長期穩定的收取指數授權費。

　　00917持有50檔成分股，限於篇幅圖表5-1-8列出前10大持股，包括摩根大通、美國銀行、標準普爾、貝萊德、富國銀行等龍頭企業。以國家區分的話，美國企業占比為75.44%，其次是英國10.12%，接著是香港7.38%、德國2.32%，可以看出是以美國為主，所以我也把它當成美國金融股ETF來操作。

　　2023年3月傳出美國矽谷銀行倒閉，以及瑞士信貸瀕臨破產，國際間蔓延著金融風暴再起的疑慮，金融股紛紛重

圖表5-1-8	中信特選金融ETF（00917）前10大持股		
公司	權重（%）	公司	權重（%）
摩根大通銀行	9.93	匯豐控股	5.37
美國銀行	7.86	貝萊德公司	4.95
標準普爾全球公司	6.12	高盛集團	3.74
摩根士丹利	5.48	芝加哥商品	3.16
富國銀行	5.41	花旗集團	3.13

資料日期：2023/6/21

挫。從圖表5-1-9可以看出，00917股價從3月7日的15.72元，跌落到3月27日的14.17元，短線跌幅達到9.86%，然

而隨著危機解除，00917股價也開始從谷底反彈。

　　由此可見，00917的優點是可以參與國際金融商品，投資人只要研究大方向即可，不用花時間研究國外的股票。在美國的銀行紛紛傳出倒閉危機時，如果你相信美國會採取措施，不會任由金融風暴再次發生，就可以在危機時勇敢買進00917，等到危機解除後便可以獲利。

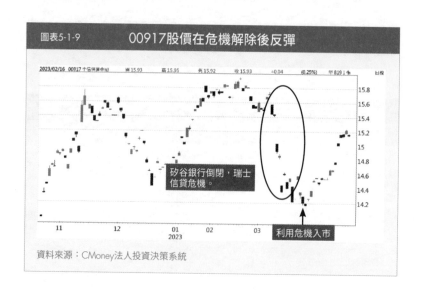

圖表5-1-9　00917股價在危機解除後反彈

矽谷銀行倒閉，瑞士信貸危機。

利用危機入市

資料來源：CMoney法人投資決策系統

純金融股ETF少
用含「金」量挑選

儘管雙月配 ETF 領股利時很開心，但還是要注意隨著股利不斷發放，淨值有無持續下滑的跡象，以免領到股利卻賠上價差。

....

目前台灣專注於金融股的ETF，就只有國內型的0055跟國外型的00917，還有一些是金融股持股比重較高的ETF，下面一一來跟大家介紹。

永豐優息存股 雙月配息 1 年領 6 次股利

首先是永豐台灣優選入息存股ETF基金（00907），簡稱為「永豐優息存股」，於2022年5月24日上市。名稱中有「存股」二字，可以看出是以存股為目標，所以

成分股挑選營收跟股利穩定的公司，當然包含了存股族
最愛的金融股，特點是「雙月配息」，先來看一下基本
資料。

圖表5-2-1	永豐優息存股ETF（00907）
追蹤指數	特選臺灣優選入息存股指數
經理費	0.45%
收益分配	雙月配
成分檔數	30檔
漲跌幅	10%

從追蹤指數的編制規則可以看出，00907評估流動
性、市值、ESG分數，還有獲利和股利的穩定度，然後排
除股利較少、波動高的電子股，挑選出適合的金融股和傳
產股作為成分股。

成分股中有54.05%為金融保險業，其次為水泥業
8.25%、其他類6.15%、航運業5.31%、貿易百貨4.38%、
塑膠工業4.28%、食品工業3.98%、汽車工業3.79%、電器
電纜2.92%、紡織纖維2%，產業包含甚廣。

圖表5-2-2列出00907前10大持股，個股的權重較為平

均，且單一成分股的權重不能高於10%，受到單一個股的
影響相對較小。

圖表5-2-2	永豐優息存股ETF（00907）前10大持股				
股票代號	股票名稱	權重（％）	股票代號	股票名稱	權重（％）
1102	亞泥	6.29	9904	寶成	4.25
2885	元大金	5.36	2883	開發金	4.17
2881	富邦金	4.95	2887	台新金	4.14
2882	國泰金	4.57	1216	統一	3.98
1326	台化	4.28	2890	永豐金	3.95

資料日期：2023/5/31

　　存股ETF強調的便是穩定配發股息，從圖表5-2-3可以看
出00907在每年的2、4、6、8、10、12月發放股利（雙
月配），然而2023年6月16日股利金額從過去的0.141元
減少到0.074元，應該跟2023年金融股的股利縮水有關，
畢竟成分股有一半是金融保險業。

　　儘管雙月配領股利時很開心，但投資人還是要注意隨
著股利不斷發放，淨值有無持續下滑的跡象，以免領到股
利卻賠上價差（不只是00907，這是投資所有ETF都要注意
的事）。

圖表5-2-3	永豐優息存股ETF（00907）雙月配息				單位：元
除息日	2022/10/19	2022/12/16	2023/2/16	2023/4/21	2023/6/16
配息	0.141	0.141	0.141	0.141	0.074

雙月配的好處是1年領6次股利，資金會比較好運用，再來就是將股利分成6筆，比較能節省健保補充保費。目前的規定是「單筆」股利超過2萬元，才需要繳交2.11%的健保補充保費。

00907如果以配息0.141元計算，1張是發放141元，需要持有20,000元÷141＝141.844張，才會領到2萬元股利，所以持有141.8張以下未超過門檻，都不需要繳交補充保費喔！

將股利分成幾筆的半年配、季配、雙月配、月月配，都有節省健保補充保費的優勢。但是所得稅是用年度做計算，也就無法節稅了，接著來討論一下00907優缺點，供投資人進一步評估。

00907的3大優點

①雙月配 00907是主打存股的ETF，所以1年發6次股利，非常適合需要穩定現金流的存股族，例如退休人士，

或是拿股利來繳房貸。

②**單一成分股影響小** 個股占指數之權重以10%為上限，不會發生像其他市值型ETF，台積電動輒占比30%以上的情況出現，受單一成分股的影響較小。

③**波動度相對穩定** 以金融股為主（權重超過一半），再搭配其他的傳產類股，並排除電子股，整體波動度會相對穩定。

00907的3大缺點

①**匯費** 每次發放股利都會被扣掉匯費，一般是10元，雙月配就表示1年要被扣6次匯費，成本較高。

②**不利零股** 假設僅持有500股，每股發放0.074元，可以拿到37元股利，但是要被扣掉10元匯費，比例高達 $10 \div 37 = 27\%$，因此配息次數多的季配、雙月配、月月配ETF，不適合持有零股，而是要持有多一點的張數，才可以稀釋匯費的比例，例如持有500張00907可以領到37,000元股利，但一樣只扣10元匯費。

③**金融股影響大** 持有金融股的權重超過一半，受金融風暴影響較大。

國泰股利精選 30 低波動特性 遇股災相對抗跌

接下來要介紹的國泰臺灣低波動股利精選30基金（00701），簡稱為「國泰股利精選30」，看見「30」就知道成分股是30檔，00701在2017年8月17日上市，是一檔強調「低波動」跟「股利」的ETF。2021年全球股市從疫情復甦，年底台股站上18,000點新高；但是2022年卻因為高通膨與俄烏戰爭，台股壟罩在升息的陰霾之下，10

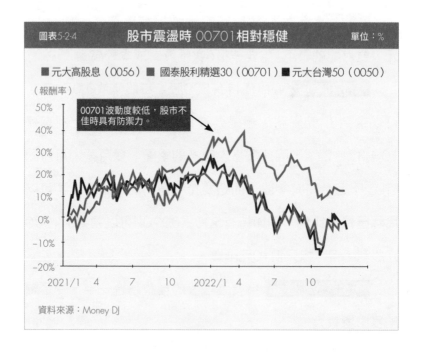

圖表5-2-4　股市震盪時 00701 相對穩健　　單位：%

■ 元大高股息（0056）　■ 國泰股利精選30（00701）　■ 元大台灣50（0050）

（報酬率）

00701波動度較低，股市不佳時具有防禦力。

資料來源：Money DJ

月底時累計重挫6,000點到12,600點。

　　2021、2022年股市受到降息、升息的交替，呈現劇烈的暴漲與暴跌。00701的特點是「智能因子（Smart Beta）」，目的是靈活調整成分股，不僅可以提升超越大盤指數報酬的機會，偶遇突發事件時，也能表現出「抗跌」的特性。從圖表5-2-4可以看出，在這大起大落的2年中，00701的表現勝過元大台灣50（0050）跟元大高股息（0056），確實具有低波動的優點（只是拿這2年的對比來說明低波動的特點，並不表示長期的報酬率都是如此）。

　　00701的成分股，是從台灣所有上市的普通股中，挑選具備流動性且體質穩定的優質藍籌股，依據標的證券特定期間的標準差，在兼顧個股與產業分散性下，選出符合最低波

圖表5-2-5	國泰股利精選30（00701）
追蹤指數	臺灣指數公司低波動股利精選30指數
經理費	0.30%
收益分配	半年配
成分檔數	30
漲跌幅	10%

動的30檔股票為成分股,且會在每年9月調整成分股,圖表5-2-5列出00701的基本資料。

為了不過度集中在少數個股,00701規定個別成分股權重不得超過20%,且前5大成分股總權重不得超過60%。圖表5-2-6列出前10大成分股,可以看出都是大型龍頭股,權重最高的鴻海(2317)在2022年絕對是牛皮股的代表,當然對00701的低波動產生極大的幫助。由於30檔成分股中有11檔金融股,合計權重為31.47%,所以也會受到金融股景氣循環的影響。

圖表5-2-6	國泰股利精選30(00701)前10大持股				
股票代號	股票名稱	權重(%)	股票代號	股票名稱	權重(%)
2317	鴻海	18.03	1216	統一	4.89
2412	中華電	8.41	2884	玉山金	4.89
1301	台塑	6.49	2002	中鋼	4.75
2886	兆豐金	5.5	2892	第一金	3.95
2382	廣達	5.5	2885	元大金	3.83

資料日期:2023/6/21

00701另一個強調的特點是「股利」,它是在每年的1、8月配息,從圖表5-2-7看出8月的配息金額較少,因為當

時有些成分股尚未除息，所以領到的股利較少；同樣是半年
配息的0050，每年2次配息也是一次較少，另一次較多。儘
管00701是半年配，但是在2019、2020年的8月並沒有配
息，應該是當時的股利太少，硬要發放的話會對投資人不利
（要扣匯費），但是就算沒有配息，股利也不會不見，而是
累積到下次再一起發放，投資人的權益並沒有受損。

圖表5-2-7　國泰股利精選30（00701）配息日與金額

配息方式	除息日	現金股利（元）
年配	2019/1/17	0.47
	2020/1/30	1.66
半年配	2021/1/19	0.73
	2021/8/17	0.25
	2022/1/18	1.65
	2022/8/16	0.25
	2023/1/30	0.66

5-3

拆解股利結構
高股息ETF安心領息

分散投資才是最好的策略，同時持有 0056 跟 00878，也就是搭配「未來」跟「過去」的選股法，會具有互補的效果。

受到2022年美國暴力升息以及防疫保單虧損的風波影響，金融股在2023年的配息狀況差強人意，連帶影響一些持有金融股的ETF表現，其中包括台灣投資人喜愛的高股息ETF。

以下先藉由國泰台灣ESG永續高股息ETF（00878）來說明「含金量」高的高股息ETF受金融股表現影響程度，接著來比一比同樣是高人氣的元大台灣高股息基金（0056），和00878有什麼不同，對想要存股的領息族來

說，該怎麼挑？

國泰永續高股息 除了領股利 還要看總報酬率

在2020年7月上市的國泰台灣ESG永續高股息ETF
（00878），應該寫下了台灣高股息ETF的一頁傳奇，短短
不到3年期間規模達到2,081億元（截至2023/6/21），
其規模會不會超越0056，更成為投資人關心的重點，基本
資料如圖表5-3-1。

圖表5-3-1	國泰永續高股息（00878）
追蹤指數	MSCI臺灣ESG永續高股息精選30指數
經理費	0.25%
收益分配	季配息（2、5、8、11月）
成分檔數	30
漲跌幅	10%

自成立以來交出優秀的報酬率，是00878規模大成
長的主要原因，從圖表5-3-2看出累積報酬率超越0056達
13.69%，如果以高股息ETF年均6%的股息殖利率計算，
00878投資人等於比0056多領了2年多的股利。多數投資人

只關心高股息ETF的股利，其實還是要看總報酬率，擁有較高的報酬率表示除了股利之外，同時還賺到更多的價差。

圖表5-3-2　00878 vs 0056績效表現

■ 元大高股息（0056）累積報酬率18.72%
■ 國泰永續高股息（00878）累積報酬率32.41%

（報酬率）　　　　　　　　　累計期間：2020/7/20～2023/4/17

0056納入景氣循環股，表現開始落後。

資料來源：Money DJ

同樣是高股息ETF，報酬率為何會有差距？因為追蹤的指數不同啊！00878的指數邏輯，同時結合「ESG」與「高股息」兩大特點，持有30檔成分股，並採用季配息，在每年2、5、8、11月除息。00878成分股是以MSCI臺灣

指數為基本選樣範圍，並採用特有的「股利分數」來決定
成分股和權重：

股利分數＝（近 12 個月年化股息殖利率 ×0.25）＋
（近 3 年平均年化股息殖利率 ×0.75）

　　簡單來說，就是用「最近1年與最近3年」的殖利率
來決定成分股和權重，也就是挑選「現在」跟「過去」股
利優良的股票。圖表5-3-3列出00878過去的配息紀錄，
2020年因為剛上市，成分股配息較少，發放的股利也較
少，但是自2021年開始就很穩定，平均每季發放0.282
元左右。

圖表5-3-3	國泰永續高股息（00878）配息紀錄										
季度	2021				2022				2023		平均
	Q1	Q2	Q3	Q4	Q1	Q2	Q3	Q4	Q1	Q2	
股利（元）	0.25	0.3	0.28	0.3	0.32	0.28	0.28	0.27	0.27	0.27	0.282

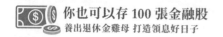

依權重預估 算出 ETF 股利變動

2022年金融股因為受到美國暴力升息的影響（疫情期間降息加上俄烏戰爭開打，導致通膨惡化，聯準會一口氣升息17碼），獲利衰退導致2023年配發股利不佳，這時候就開始傳出對於00878不利的消息，我們先從圖表5-3-4來看一下00878持有的金融股，合計權重是24.37%，可以說00878裡面大約有四分之一是金融股。

圖表5-3-4	國泰永續高股息（00878）持有的金融股				
股票代號	股票名稱	權重（%）	股票代號	股票名稱	權重（%）
2882	國泰金	3.34	2890	永豐金	2.64
2883	開發金	3.13	2886	兆豐金	2.61
2885	元大金	2.99	5876	上海商銀	2.11
2891	中信金	2.76	2892	第一金	2.11
2881	富邦金	2.68	金融股權重合計：24.37%		

資料日期：2023/6/21

如果2023年金融股股利縮水的話，對00878會有多大的影響？其實最正確的判斷方法，就是等到股利都公告了再來計算，但是如果想要提前預估，就要用下列方法來預測了！

> 假設 2023 年金融股的股利較 2022 年縮水 30%，00878 裡面有 24.37% 是金融股，股利縮水幅度為 30%×24.37% = 7.31%。
>
> 00878 過去平均每季配發 0.282 元股利，股利會縮水 0.282×7.31% = 0.0206 元（每季）。1 張 00878 股利會縮水 1,000（股）×0.0206 = 20.6 元（每季）

　　上面的計算是說明如何利用金融股權重，來預估股利縮水的影響程度，用數字來幫助你做決策，勝過無助的胡猜亂想。

　　儘管股利縮水，但是金融股股價下跌，也連帶讓 00878 的股價下滑，由於殖利率＝股利÷股價，當股利跟股價都下滑時，最後殖利率不一定會下滑喔！原因在於市場已經就股息縮水的利空反應了，股價下跌反而提供投資人買進的時間點。

　　從圖表5-3-5可以看出，00878在2020年7月推出後，剛好碰到新冠疫情大爆發，美國聯準會大幅降息壓縮銀行的利差，導致金融股重挫，連帶拉著00878股價往下跌破15元的發行價。但是降息有利於股市上漲，2021年台灣股

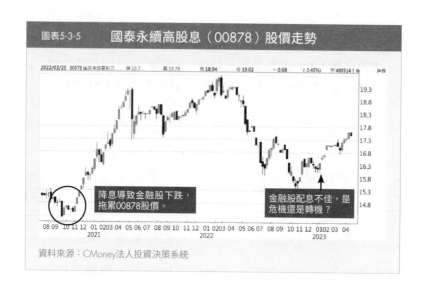

圖表5-3-5　國泰永續高股息（00878）股價走勢

降息導致金融股下跌，拖累00878股價。

金融股配息不佳，是危機還是轉機？

資料來源：CMoney法人投資決策系統

市攻上1萬8千點大關，00878股價也跟著突破19元關卡，可惜好景不常，美國在2022年啟動升息，國際股市紛紛下跌，00878股價也曾滑落到16元以下。

2020年下半年，金融股表現不佳拖累00878時，反而提供了低價買進的時機；當2023年初傳出00878的配息會因為金融股而縮水，股價反而展現韌性由低點往上，原因就是當股價下跌就會提升殖利率，其實是利多，高股息ETF真的要買在壞消息的時候啊！

既然講到了00878，順便來幫大家拆解一些地雷區。

00878剛上市時，不少達人紛紛表明新發行的股票要先觀察幾年，不要太早上手，其實是誤解了ETF。如果是新上市的公司，因為沒有多少年的財報可以追蹤，公司的業務也不一定穩健，先觀察個幾年再來投資，這個論點是正確的。

但是ETF並不是一家公司，它是同時投資很多家公司的基金，00878持有的30家公司，裡面有華碩（2357）、仁寶（2324）、廣達（2382）、兆豐金（2886）、國泰金（2882）、中信金（2891）、台灣大（3045）……無一不是歷史悠久、獲利穩健的龍頭公司，當然都可以投資啊！所以，投資ETF的重點在於成分股，以及成分股的成長性跟股利穩定性，只要都是持有好公司，年輕、新上市的ETF當然還是可以投資。

拆解股利結構 保障投資權益

來講一個故事好了，辛苦工作了一上午，終於到了午休時間，小銘跟小菁買了一桌子的炸雞跟披薩，打算甜蜜蜜地共享午餐，可是香味撲鼻的美食，吸引了旁邊飢腸轆轆的同事，紛紛過來要求「＋1」，小銘跟小菁不好意思拒

絕，餐桌一下子就圍滿了同事，炸雞跟披薩很快被被掠奪一空，小銘跟小菁反而吃不飽了。

第二天，小銘跟小菁又買了一堆美食，但是立起一張告示牌，上面寫著：「歡迎＋1，但是請自帶便當。」小銘跟小菁就不怕美食被瓜分了，這就是「收益平準金」的概念——自己帶便當來。

假設有一檔ETF的規模是100億元，成分股在過去1年總共配發7億元現金股利，於是ETF公告即將配發7%（7億÷100億）的股利，然後在2個星期後除息。可是消息一經公告後，投資人被7%的股利吸引，紛紛買進ETF想要參加除息，結果在除息前一天，ETF的規模變大成為140億元，但是ETF卻只有7億元現金股利可以發放，要怎麼辦呢？有2個辦法：

①股利縮水 重新公告只能夠發放5%（7億÷140億）的股利，但是投資人會有被欺騙的感覺！2022年1月5日，第一金投信公告台灣工業菁英30 ETF（00728），訂於1月20日除息，每單位預估配發2.55元現金股利，若依照前一日收盤價估算，股息殖利率近8%。消息一出，造成投資人

一窩蜂搶購，規模大增導致股利不夠分，最後在除息前重新公告每股發放1.99元現金股利，投資人拿到的股利就變少了。

②拿自己的錢配 如果140億元規模要維持配發7%的股利，需要140億×7%＝9.8億元，可是ETF只有領到7億元的股利，還不夠的2.8億元怎麼辦？就從140億元的規模裡面拿出2.8億元，充當股利發給大家，股利就不會從7%縮水到5%了！這就是自己帶便當來聚餐的概念——拿你的錢當股利配給你。

在深入討論平準金之前，先來說明ETF的股利結構，ETF就是持有一籃子的股票，所以配發的股利來源就不外乎：

①股利所得 成分股領到的股利，這算是最純的股利。如果ETF的選股精準，每年都領到不錯的股利，就能給投資人足夠好的回報，不需要再動用到下面2項了。

②資本利得 指成分股賺到的價差（財產交易所得），當成分股選擇錯誤，領到的股利不夠多時，ETF需要將一些股票獲利了結，然後當成股利發放給投資人，我會在後面用0056來詳細說明。

③你的錢 你自己帶來的錢，也就是常常聽到的「配息來源可能來自本金」。要記住，發行ETF的基金公司是不會自掏腰包來配息給你的！

00878因為發放平準金，經常被拿出來討論，圖表5-3-6列出2022年00878的4次配息狀況，都有發放收益平準金。最主要的原因在於，這一年中00878的規模增加了1,000億元，快速膨脹的規模勢必發生「股利不夠分」的情況，也就是前面講的很多人來「＋1」，導致炸雞跟披薩不夠分。

收益平準金的目的是穩定股利，才能夠保障長期投資人的權益，等將來00878的規模穩定，不再劇烈成長的話，發放平準金的比例也會越來越少，甚至不需要了。

圖表5-3-6	國泰永續高股息（00878）股利結構							
2022年	第一次季配		第二次季配		第三次季配		第四次季配	
發放股利	0.3元		0.32元		0.28元		0.28元	
股利來源	金額（元）	占比（%）	金額（元）	占比（%）	金額（元）	占比（%）	金額（元）	占比（%）
境內股利	0.05	16.67	0.02	6.25	0.21	75	0.15	53.57
財產交易所得	0.16	53.33	0.08	25%	0	0	0	0
收益平準金	0.09	30	0.22	68.75	0.07	25	0.13	46.43

元大高股息 用預測選股 不確定性較高

0056是國內第一檔強調高股息的ETF，算是元老級的存在，但是最近幾年受到新秀00878的嚴厲挑戰，經常被提出來比較。圖表5-3-7列出0056的基本資料，可以看出0.3%的經理費較00878的0.25%高了一點，成分股在2022年12月底由原先的30檔增加為50檔。2023年5月0056又提出2項重磅改革，調整為季配息（1、4、7、10月）並納入收益平準金，跟00878越來越相似了。

圖表5-3-7	元大高股息（0056）
追蹤指數	臺灣高股息指數
經理費	0.3%
收益分配	季配
成分檔數	50
漲跌幅	10%

0056是追蹤「臺灣高股息指數」，主要是從台灣市值前150大企業中，挑選未來1年「預測」現金股利殖利率最高的50檔股票作為成分股，請注意「預測」這2個字。

再請讀者注意一點，ETF是追蹤指數，所以是由「指

數公司」預測選出50檔成分股,並不是由0056的經理人選股,千萬不要搞錯了!圖表5-3-8列出0056前10大成分股,在2023年6月更換成分股時將長榮(2603)剔除,可是2023年長榮發放70元股利,殖利率超過40%,為何被高股利的0056剔除?投資人不免心中存有疑問。從這裡也可以看出0056的特點,是由指數公司「預測」選股,預測就是它說了算。

圖表5-3-8	元大高股息(0056)前10大成分股				
股票代號	股票名稱	權重(%)	股票代號	股票名稱	權重(%)
2382	廣達	3.66	2301	光寶科	3
3034	聯詠	3.49	2376	技嘉	2.98
3231	緯創	3.47	3711	日月光投控	2.94
2356	英業達	3.09	2303	聯電	2.87
2454	聯發科	3.07	4938	和碩	2.53

資料日期:2023/6/21

相對的,00878是用成分股最近1年與最近3年的殖利率表現選股,注重的是成分股自己的表現,也就完全排除人為預測的風險,應該是過去報酬率較好的主要原因。當然也會有人認為,00878是靠過去表現選股,過去表現好

並不一定表示未來也會很好，這點我不否認。

　　其實沒有一個策略是100%準確，但是ETF的理念是「被動」追蹤指數，被動的用意是排除人為的錯誤，0056的指數卻是主動預測，就存在較高的不確定性，因為它可能預測準確，也可能預測錯誤。從過去報酬率走勢可以看出，0056在2021年6月底納入長榮、友達（2409）、群創（3481）這些景氣循環股後，報酬率就開始落後00878，0056是自己輸給自己。

股利結構改變 交易所得占比提高

　　由於0056標榜高股息，所以投資人都很關心每年發放多少股利，從圖表5-3-9可以看出0056股利在2018年後出現明顯的成長，表示漸入佳境？其實還要再去拆解它的股利結構，仔細看2017年（含）以前的股利來源，100%都是「股利所得（54C）」，這是成分股的股利收入，可以說是100%的純果汁。

　　但是過去純果汁的0056在2018年後開始摻水，成為稀釋果汁了。以2021年為例，1.8元的股利中只有37%是

股利所得（純果汁），卻有高達63%是財產交易所得，又是為什麼？

因為當年6月納入長榮、友達、群創，可是這3家公司2021年的股利並不高，導致0056拿得的股利變少，如果0056只有發放股利所得，那麼每股只能配發1.8×37%＝0.666元，應該會被投資人罵死吧，所以只好加上1.134元（63%）的財產交易所得，湊成1.8元才夠迷人。

圖表5-3-9	元大高股息（0056）歷年股利結構										
年度	2012	2013	2014	2015	2016	2017	2018	2019	2020	2021	2022
股利（元）	1.3	0.85	1	1	1.3	0.95	1.45	1.8	1.6	1.8	2.1
股利所得（54C）	100%						25.9%	47%	52%	37%	95%
財產交易所得（76）	0%						74.1%	53%	48%	63%	2%

以前鄧小平有一句名言：「管它黑貓還是白貓，能抓老鼠就是好貓！」所以管它0056配發「股利所得」還是「財產交易所得」，只要大方發股利就是好ETF？

毋湯喔！你知道財產交易所得是怎麼來的嗎？第一

就是指數在更換成分股時，買進賣出所賺到的價差，這是依照指數的被動操作。再來就是主動幫成分股「獲利了結」，再當成股利發放給你，萬一大盤是在上漲呢？提早「獲利了結」也會讓投資人少賺！所以這又成為0056報酬率輸給00878的原因之一了！

買高股息 ETF 留意成分股獲利體質

　　究竟高股息ETF是多領一點股利比較好，還是報酬率高一點比較好？來看看圖表5-3-10，原始資金都是100萬元，平均報酬率也都是6%，分別投入配息跟不配息型2種商品，來比較一下結果。

　　①配息 每年拿到100萬×6%＝6萬元股利，10年後拿到60萬元股利，總資產成為160萬元。

圖表5-3-10			配息vs不配息投資結果								單位：萬元
類型	原始資金	第1年	第2年	第3年	第4年	第5年	第6年	第7年	第8年	第9年	第10年
配息	100	106	112	118	124	130	136	142	148	154	160
不配息	100	106	112	119	126	134	142	150	159	169	179

②不配息 公司不發放股利，而是將盈餘持續拿去投資，每年得到6%的報酬率（股價成長），10年後總資產成為179萬元。

可看出來當報酬率為正（上漲行情）時，不配息商品的報酬率反而比較高，因為將盈餘持續拿去投資，可以創造出複利的效果。其實當投資人領到股利時，必須要繳交健保補充保費（單筆股利超過2萬元時）跟所得稅，報酬率只會更低，但是賺到的價差卻不用繳稅！看完這個說明後，你應該可以了解為什麼股神巴菲特的波克夏公司「一毛錢股利」都不配了。

可惜台灣投資人對「高股息」普遍沒有抵抗力，所以ETF也樂於拿「財產交易所得」來充當股利，搞出殖利率很高的股利來吸引你。但是當大盤不好，ETF的成分股下跌時，「財產交易所得」會縮水甚至是配不出來，而且當ETF的股價低於發行價時，也不可以發放財產交易所得。

由此可見，財產交易所得並不是每年都有，真正穩定的還是成分股的配息能力，也就是ETF的選股要精準。

成分股增加 優、缺點都有

由於過去幾年0056的規模持續增長，使用「財產交易所得」來配息，用意也是避免股利被稀釋，但是過程中會不斷地將成分股獲利了結，長期下來反而會降低總體報酬率。幸好0056從2023年納入了平準金機制，應該就是用來取代財產交易所得，我個人是持肯定的態度。

在2021年納入長榮、友達、群創後，0056被詬病景氣循環股的比重太高，所以2022年12月更改指數規則，將成分股由原來的30檔變成50檔，這樣會有幫助嗎？我們可以從數學的角度來討論！

①降低個股影響 成分股從30檔變成50檔，好處是降低每一檔成分股的比重，例如原先持有A公司的權重為5%，假設調整後依照比例計算，A公司的權重會降為5%×（30檔÷50檔）＝3%，單一個股的影響變小了。

②分母變大 分母從30檔變成50檔，也就是要多納入20檔成分股，當然會增加納入更多檔景氣循環股的機會。從數學上來看，單一個股的權重減少，但是納入的家數增加，所以總影響也可能不變，算是換湯不換藥。

③減少換股衝擊 0056固定在每年的6、12月底更換成分股，但是因為0056規模太大，調整成分股時往往對市場造成衝擊。例如2022年6月調整時，要一次賣光11萬張兆豐金的持股，很容易影響到股價；但是換成50檔成分股之後，依照比例計算的話，要賣掉的兆豐金就會變成11萬×（30檔÷50檔）＝6.6萬張，對市場的衝擊就比較小。

所以我覺得這才是0056將成分股增加為50檔的主要原因，不然規模一直變大，成分股卻只有30檔，每一檔持有的張數太多，汰換時一定會對市場造成衝擊。

④指數殖利率降低 0056過去是從市值前150大公司中，挑選「預測未來1年殖利率最高的30檔」，如今要擴大為50檔，表示要納入殖利率較低的20檔，所以從數學上來看，未來的殖利率一定會稍微降低。

上面只是用數學的角度來分析，給大家參考。其實所有的問題都要回到原點，0056的指數原點還是在於「預測」，就算成分股變成了50檔，一樣是由指數公司用預測法來選股，也是換湯不換藥，所以難保將來不會再發生選到一堆景氣循環股，導致報酬率大幅滑落的後果。

　　高股息ETF因為追蹤不同的指數，所以會有不同的成分股跟報酬率。0056是用預測法選股，預測有可能失準；00878則是用過去表現選股，過去也不代表未來。對於投資人來說，分散投資才是最好的策略，同時持有0056跟00878，也就是搭配「未來」跟「過去」的選股法，會具有互補的效果。

5-4

高股息ETF操作策略
重點在於「買便宜」

要相信高股息 ETF 不可能倒閉變壁紙，受到重大利空干擾而下跌時，往往是絕佳的加碼時間點，採用 3 策略更能發揮出複利效果。

相較於投資單一金融股，高股息ETF具備分散持股、不會變壁紙、安穩領息等優點，非常適合長期投資領息，但是不要單獨重押一檔ETF，還是要有分散投資的觀念，例如在前一單元說到0056和00878具有指數互補的效果，同樣的，投資股票也不需要侷限在台灣，可以立足台灣、胸懷大中華、放眼全世界。

高股息ETF的重點在於「買便宜」，就算是老牌的0056，你買在高點一樣會受傷。ETF價格的高低，通常跟

股票市場的景氣有關，中國在2020年爆發疫情，持續採取
鎖國、封城、關廠等防疫措施，中國相關ETF的股價紛紛往
下修。

　　但是原型ETF同時持有數十隻大型龍頭股，因此不可能
倒閉變壁紙，股價下跌也就提供了低價進場的好時機，以下
用中信中國高股息（00882）為例，說明ETF如何賺價差。

用 3 策略布局 有效降低成本

　　從圖表5-4-1可以看出，00882於2021年2月4日上

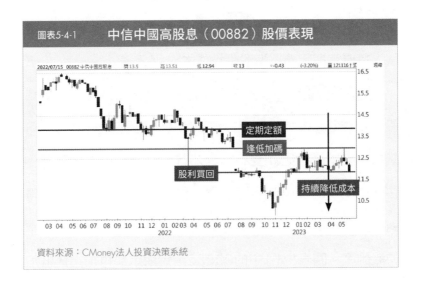

圖表5-4-1　中信中國高股息（00882）股價表現

資料來源：CMoney法人投資決策系統

市，馬上受到疫情影響導致股價持續往下，2022年10月因為中國召開「二十大」會議後習近平連任，以及鄭州封城等多重利空夾擊，00882股價最低來到9.93元，隨後中國宣布放棄清零政策，市場期待中國「疫後再起」，短短2個月內00882股價上漲到12.85元，報酬率高達29.4%。

接下來拿00882當作麻豆，說明投資高股息ETF的3大要點：

①定期定額 目前國內型高股息ETF，每年的平均殖利率約5%～6%，長期投資的重點在於累積張數，上班族可以利用薪水收入，每個月定期定額買進，用時間跟紀律來累積張數，幫自己創造穩定的股利現金流。從圖表5-4-1觀察，持續定期定額買進的平均成本約14元。

②逢低加碼 儘管股神巴菲特崇尚「危機入市」，買錯股票就算低點進場也會讓你痛不欲生，但是高股息ETF不可能倒閉變壁紙，因此受到國內外重大利空干擾而下跌時，往往是絕佳的加碼時間點。要記住，定期定額只會讓你得到「平均」的報酬率，逢低加碼才可以讓你得到「更高」的報酬率。圖表5-4-1中的00882，定期定額再加上逢低加

碼,可以將成本降低到13元以下。

③股利再買回 存高股息ETF就是「訂好買進計劃,持續領股利」的過程,例如我過去用「定期定額＋逢低加碼」的方式,買進300張00882,然後靠著每年的配息來持續買回,不僅不用再出錢就可以增加張數,拿到的股利也會降低成本,圖表5-4-1中最後的成本也能降低到12元以下。

投資ETF之前,重點是觀察市場的前景,中國因為疫情封城的影響,經濟衰了3年,2023年受惠於疫後重啟,經濟較2022年成長應無懸念。所以我持續使用「定期定額＋逢低加碼＋股利再投入」來布局00882,更能夠發揮出複利的效果。

圖表5-4-2列出00882的基本資料,它是追蹤「恒生中國高股息率指數」,成分股在香港掛牌,主要是反映擁

圖表5-4-2	中信中國高股息（00882）
追蹤指數	恆生中國高股息率指數
經理費	0.45%
收益分配	半年（1、7月除息）
成分檔數	50
漲跌幅	無

有高股息的中國企業之整體表現。由於港股沒有漲跌幅限制，所以00882也沒有漲跌幅限制。

　　接著來看一下00882過去的配息表現，00882是半年配，由於港股比較早除息，所以00882在7月時可以發放較多股利，自成立以來的2年中，平均每年發放1.095元的現金股利，年均殖利率超過8%。如果以11.62元股價（2023/6/21）計算，持有11年可以回本，等於持股變成零成本，往後拿到的股利都是淨賺了。我的計劃是存到500張00882，每年領50萬元股利再帶全家到香港玩，都是中國的50家企業幫我買單。

圖表5-4-3	中信中國高股息（00882）配息紀錄			
除息日	2021/7/16	2022/1/18	2022/7/18	2023/1/17
現金股利（元）	0.68	0.36	0.85	0.3

觀察 MACD 指標 判斷買賣訊號

　　投資高股息ETF時，我除了KD指標之外，也會參考「MACD指標」，它是由DIF與MACD兩條線組成：

DIF：快線，判斷短期的股價趨勢變化。

MACD：慢線，判斷長期的股價大趨勢。

柱狀圖：用 DIF 減掉 MACD 所繪製。

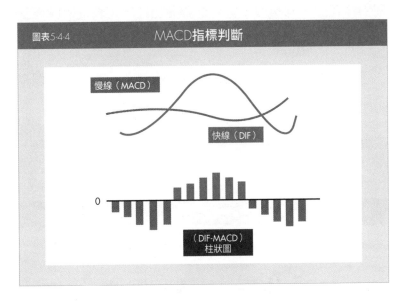

當DIF與 MACD兩條線相交時，代表趨勢正在發生轉變，我最主要是參考柱狀圖，當它由負轉正時通常代表買進訊號，由正轉負則代表賣出訊號！當然還是要再提醒一下，技術線圖永遠僅供參考。

　　圖表5-4-5拿00882當範例說明，可以看出當柱狀圖由負轉正時股價開始上漲，由正轉負則開始下跌。不過技術指標是落後指標，所以我會提前做出決策，例如當我想買進時，會提早在柱狀圖位於相對低點時開始買進，而非等到由負轉正；同樣的，當我想要賣出時，會在柱狀圖達到相對高點時開始賣出。

　　至於柱狀圖何時到達相對高點或低點？只能不斷地觀察線圖來增加經驗，技術指標還是存在預測與運氣的成分，並不會100%準確。由於高股息ETF就算套牢了也可以領股利，

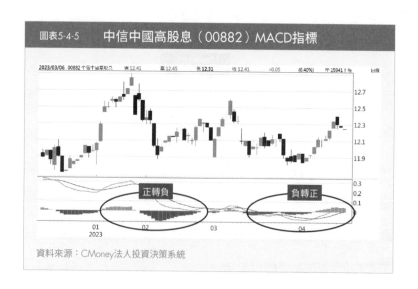

圖表5-4-5　中信中國高股息（00882）MACD指標

資料來源：CMoney法人投資決策系統

可以耐心持有等待股價上漲，所以我會參考技術指標來決定進出點；但如果是投資個股，建議還是要先了解公司的未來業務展望，不可以光憑技術指標來決定買賣。

1 年 4 次機會 除息後買進賺價差

高股息ETF雖然標榜安心領股利，但是股利並非穩賺，例如圖表5-4-6的0056在2021年10月22日除息1.8元，前一天的收盤價為32.4元，所以除息當天的參考價為32.4－1.8＝30.6元，必須等股價漲回32.4元（填息）才有賺到1.8元的股利。既然還是要等股價上漲，與其長期抱著領股利，也可以考慮做價差，原因如下：

①相對便宜 除息就是將股利從股價中扣除，所以除息後的股價會相對便宜。投資高股息ETF的重點在於「買便宜」，除息後就是不錯的時機點。

②不用繳稅 就算是抱著領股利也是要等填息才有賺，還不如在除息後買進，等到股價上漲填息時就可以賺到價差。而且價差還不用繳所得稅跟健保補充保費，反而比較划算。

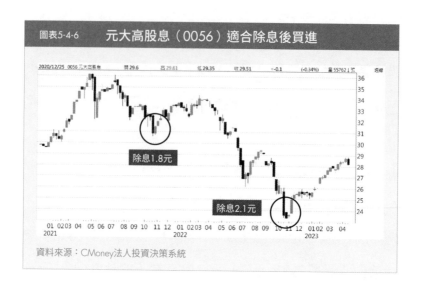

圖表5-4-6　元大高股息（0056）適合除息後買進

除息1.8元

除息2.1元

資料來源：CMoney法人投資決策系統

　　由於過去0056是年配息，除息後股價下修的幅度較大，買進時可以感覺到相對便宜很多。但是從2023年更改為季配息，將1年的股利分成4次發放，每次除息後股價下跌較少，比較沒有買到便宜的感覺。

　　不過我這裡講的是一個觀念，不管是抱著領股利還是除息後買進，都是在等股價上漲後填息，但是價差不用繳稅其實更划算。就算你是想要長期抱著領股利，那麼除息後的相對便宜價位，也是不錯的進場點，0056跟00878都是1年除4次息，也就是提供了4次的低價進場時機。

NOTE

chapter
6

從 100 張開始存
打造領息好日子

6-1

小資族翻轉財富
先存低價金融股

**存股票就是累積資產，打造領息好日子的過程，提早退休的關鍵，
在於有沒有好公司幫你賺錢，以及你有沒有一個富腦袋。**

....

國外曾經做過一個研究，在100位年過50歲的人當中，只有5個人財務自由而不再需要上班，有高達95個人要工作到老而不得休息，原因在哪裡呢？是他們工作的專業不同？還是薪水收入不夠嗎？讓我來講一個故事。

2015年我推出人生的第一本投資理財書《6年存到300張股票》，講述我存中信金（2891）的過程，當年放暑假時我就趁著晚上天氣比較涼爽，從北投騎腳踏車到南港，好好視察一下中信金剛剛蓋好的總部大樓。

由於持有股票就等於持有公司的一小部分，所以我很開心地以「奈米老闆」自居，特別是晚上9點看到大樓還燈火通明，還有員工在認真加班幫我賺錢，心情更是愉快，就在粉絲團上面分享。

培養富腦袋 讓好公司幫你賺錢

當年我有300張中信金股票，可以領到24.3萬元現金跟24.3張股票（以當時股價換算，價值超過50萬元），合計起來等於每個月有超過6萬元的收入，而且我還不用到中信金上班喔，這就是「被動收入」。相對的，還在加班工作的員工，必須要付出勞力跟時間來賺取「主動收入」，薪水搞不好還比我的股利少，從這邊就可以看出被動收入的優點。

我發文的用意是說明主動收入跟被動收入的差別，但是有酸民留言說我這樣是「不公不義」。

什麼是公平正義？投資就是付出資本然後收取回報，我付出6年時間，省吃儉用存了300張股票，股價大跌時也要擔心受怕，更要承擔股票價值歸零的風險。中信金員工

付出勞力賺取薪資，中信金不可能不發薪水吧？風險低很多吧？如何能跟投資相提並論？

記得我當時回覆酸民：「如果你是中信金的員工，不開心幫我工作賺錢，那麼你也可以認真存300張玉山金，然後晚上9點騎車到玉山金總部，看著員工在加班幫你賺錢，這樣會不會更有建設性？」

究竟什麼是公平正義？我覺得遊戲規則是公平的，有些人只會抱怨有錢人越來越有錢，他們為何不學有錢人去創業呢？害怕失敗破產嗎？如果你忌妒別人領很多的股利，那麼你為何不跟著存股票呢？不要只是害怕存股票變壁紙。我以前也只是公立學校的老師，但是我省吃儉用認真存股票，幫自己爭取到提早退休的生活。

拿中信金為例，我從2008年存到2023年，每年領到數十萬股利，總共領回近千萬元了，而且我沒有到中信金上過一天班。

存股票就是累積資產，打造領息好日子的過程，決定你能不能提早退休的，在於有沒有許多好公司幫你賺錢，更重要的是你有沒有一個富腦袋。

打造長期飯票 重點在於張數

2022年台灣新生兒僅13萬8,986人，創下史上新低，為什麼年輕人不想要生小孩？在房價不斷飆漲、薪水永遠跟不上物價的年代，年輕人都對於結婚、買房，完全是避之唯恐不及，更何況在生了小孩之後，養育跟教育上的壓力，著實讓許多人喘不過氣來。

沒有錢真的是萬萬不能啊，但是如果有人幫你買單呢？話說我年輕時不小心生了3個，孩子小時候就常常來跟我要錢，舉凡：營養午餐費、安親班費、學費、校外教學……3個娃娃都來跟我伸手，有時候我就假裝生氣地問：「媽媽呢？為什麼不去找媽媽要錢？」結果3個娃娃都搖頭跟我說：「媽媽沒有錢，爸爸有錢！」

因為我在公立學校教書，薪水收入穩定，而且我也會乖乖拿錢回家養小孩，所以我成為孩子們的長期飯票！孩子是自己生的，只能乖乖給錢，但是我也可以找其他的長期飯票來包養我啊！2022年我從金融股領到265萬元的股利，這筆錢豈止可以養小孩，支付3個孩子出國留學都足夠吧！

我存了10幾年的金融股,發現它們真的跟我很像:我是不容易失業的公務員,金控股也很難倒閉;我的薪水收入穩定,金融股則是獲利(EPS)穩定;我固定拿錢養家,金融股也穩定發放股利,所以金融股成為我的長期飯票。飯票當然要越多越好,存股的重點在於「張數」,2014年時我有300張金融股,2023年已經存到3,000張金融股,領到的股利自然也越來越多。

積少成多 4 關鍵提高勝率

其實我年輕時沒有很多錢,股票也是1張、2張慢慢買,經過多年的努力才累積到現在的部位,來總結一下我存金融股的心得:

①低價 或許是年輕時比較窮,所以我偏好便宜一點的股票,比較能夠買到整張而非零股。2008年金融海嘯期間,中信金股價大約10幾元;2015年元大金(2885)受到證所稅影響時,股價僅10元附近;2021年因為疫情影響,臺企銀(2834)股價不到10元……通常在國內外發生重大利空時,金融股的股價會往下修正,這也是撿便宜的

最佳時間點。

②獲利穩定 ：通常以銀行為主要業務的金控，獲利會比較穩定，比較適合存股。以證券、壽險為主的金控，獲利容易受到景氣的影響，圖表6-1-1可以看出，國泰金（2882）跟富邦金（2881）在2021年都賺進一個股本，但是2022年卻又大衰退，獲利不穩定也會導致股利起伏過大。2022年國泰金發放3.5元股利，2023年則縮水到0.9元，對存股族就不是好消息了，獲利跟股利起伏較大的壽險金控，比較適合做價差而非存股。

圖表6-1-1	壽險金控獲利不穩定				單位：元
股票代號	股票名稱	2021年		2022年	
		EPS	股利	EPS	股利
2882	國泰金	10.34	3.5	2.58	0.9
2881	富邦金	12.49	4	3.54	2

③低本益比 因為金融股的獲利穩定，所以本益比低時表示物美價廉，不過由於官股金控更不容易倒閉，所以投資人願意用更高的價格買進，本益比也相對較高。因此我

先存本益比相對偏低的民營金控，像是中信金、元大金、台新金（2887）……本益比10倍時就有買進的價值，8倍時我會用力加碼。例如2020～2021年因為疫情影響，中信金股價在20元上下震盪，本益比僅9倍左右，我就伺機加碼買進。

④高殖利率 存股票是一個長期過程，股利往往會發揮出不可忽視的威力。

例如我在2014年存到了300張中信金，2015年每股發放0.81元現金股利，我可以領到24.3萬元，以股價20元計算大概可以買回12張，當年每股又配發0.81元股票股利，我又拿到24.3張配股。

所以在除權息後，我等於免費拿到36.3張股票。一般來說，發放股票股利會加快存股的速度，從圖表6-1-2可以看出，中信金在2009～2016年間同時發放現金跟股票股利，幫我快速累積股票的張數。

2017年後中信金只發放現金股利，幸好我已經存到不少的張數，一樣可以拿到不錯的股利，再拿去繼續存有配股的台新金跟臺企銀。

圖表6-1-2	中信金（2891）歷年發放股利			單位：元
股利發放年度	股利			備註
	現金	股票	合計	
2009	0.18	0.318	0.498	
2010	0.64	0.64	1.28	配發股票股利，可以加快累積張數。
2011	0.73	0.72	1.45	
2012	0.4	0.88	1.28	
2013	0.71	0.7	1.41	但是配股會導致股本膨脹，往後會變成以現金股利為主。
2014	0.38	0.37	0.75	
2015	0.81	0.81	1.62	
2016	0.81	0.8	1.61	
2017	1	0	1	
2018	1.08	0	1.08	只要張數夠多，現金股利也不錯。
2019	1	0	1	
2020	1	0	1	此時的股利金額以穩定為主，可以用來存其他股票。
2021	1.05	0	1.05	
2022	1.25	0	1.25	
2023	1	0	1	

6-2

用100張金融股
養出退休金雞母

投資股票就是「對的事情重複做」，從 100 張金融股開始，只要堅定信心定期定額買進，股利也會幫你加快存股速度。

．．

股票這麼多實在是讓人眼花撩亂，加上每一支都想存，最後就可能貪多嚼不爛。曾經有一位網友請我幫忙看一下他的投資組合，對帳單打開來有幾十檔股票，但是每支股票多則1～2張，少則幾百股，他說只要看到別人推薦就想買，不知不覺就買了一大堆股票。

資金有限 先集中再分散

每個人的資金都有限，買太多檔股票的缺點就是每一

支都買很少，就算真的有1檔上漲了，因為張數少，對財富累積也不會有太大的幫助。所以我的建議是「先集中、再分散」，例如資金夠買5張股票的話，先挑出1檔股票存到5張，會好過5檔股票都各買1張，因為分散到5檔股票，就表示你要花5倍的時間來管理跟研究，還不如先專心研究1檔股票。

有人會因為擔心風險，所以分散買進許多股票，但是也增加了管理難度。如果資金不夠多的話，過度分散在太多股票上面，每天總會碰到有幾檔是下跌的，一直擔心受怕只是在給自己添麻煩。分散投資的觀念是不錯，但是究竟要分散到多少檔股票，我通常用雙手雙腳做比喻，人為何只有20根手指頭跟腳趾頭，因為太多的話你就控制不好了！

如果資金在100萬元以內，持股在5檔以內即可，像是一隻手的5根手指頭；當資金超過500萬元時，可以分散到10檔，就是2隻手的10根手指頭；而當資金有千萬以上時，可以分散到20檔，也就是總共20根指頭。過度分散除了讓你疲於奔命，也會增加買到爛股票的機率，所以千

萬不要「為了分散而分散」，而是要集中在一些好股票上面，然後將它們仔細顧好。

回顧我存金融股的過程，我不會見一個愛一個，不會每一檔都買一點，而是先將中信金存到300張之後，再繼續存其他的金融股。所以我建議大家先挑選出喜歡的股票，努力存到心目中的張數後，再繼續去存下一檔股票！存股票重點在於紀律，一定要有耐心的長期堅持，更不要因為股災就放棄，只要是好股票，股災反而是加碼的好時機。

股利再買回 對的事重複做

接著拿玉山金（2884）來當範例，說明存股的要點，玉山金的優點是同時配發現金跟股票，可以加快累積張數的速度。一般上班族最適合用定期定額的方法來買進，我建議的買進日是發薪水那一天，因為你一定會有錢，有些人會說「等月底有錢再來買」，但是你又往往把薪水花光光，成為月光族而沒錢存股票。

如圖表6-2-1所示，假設從2016年開始，每個月都買進1張玉山金，2017年除權息前累積到12張，當年每股發放

年度	除權息前張數	現金股利（元）	領到股利（元）	年均股價（元）	買回張數	股票股利（元）	配股張數	除權息後張數
			玉山金（2884）存股試算 圖表6-2-1					
2017	12	0.491	5,892	18.5	0.32	0.741	0.89	13.21
2018	25.21	0.613	15,454	20.8	0.74	0.613	1.55	27.5
2019	39.5	0.71	28,045	25.3	1.11	0.711	2.81	43.42
2020	55.42	0.791	43,837	26.7	1.64	0.797	4.42	61.48
2021	73.48	0.61	44,823	26.3	1.7	0.611	4.49	79.67
2022	91.67	0.67	61,419	28	2.19	0.674	6.18	100.04

0.491元現金股利，可以拿到5,892元，千萬不要當成小確幸來犒賞自己，而是要繼續拿去買股票，如果用年平均股價18.5元計算，可以買回0.32張，接著每股又發放0.741元股票股利，又可以免費得到0.89張，於是除權息之後會累積到12＋0.32＋0.89＝13.21張，等於免費增加了1.21張。

　　投資股票就是「對的事情重複做」，持續每個月買進1張，領到現金股利後繼續買回，一直到2022年除權息後，投資人總共花6年買進了72張，卻總共累積了100張，表示有28張是玉山金的股利送給你的。6年的平均股價是24.27元，也就是每個月要投入2.427萬元來買進1張。

　　人生就是「自助，而後天助」的過程，只要堅定信

心定期定額買進（自助），股利也會自動幫你存股票（天助）。上述說明的存100張玉山金，只是舉例說明「定期定額＋股利再買回」的投資方法，你不一定要挑玉山金，也不一定要以100張為目標，都可以自行調整。

存到 100 張後 設定下個目標

存到100張玉山金之後，等於養了1隻金雞母在幫你下金蛋了，這時候可以繼續下一個「存100張」的旅程，你一樣要堅持「定期定額＋股利再買回」，只是有了100張玉山金的股利幫助，存股的速度會加快不少。

那麼往後玉山金每年會貢獻多少股利呢？2022年因為美國暴力升息導致玉山金獲利衰退，2023年僅發放0.19元現金股利跟0.38元股票股利，不過這應該可以看成單一事件，依照玉山金過去的表現，可以先預估每年發放0.6元現金跟0.6元股票，股價用2017～2022年平均股價24.27元計算的話，100張玉山金可以拿到現金股利6萬元跟6張股票（市價14.56萬元），股利價值合計就是20.56萬元。

那麼下一個100張要買什麼？記得要開始做產業的分散

了，才可以避開單一產業的風險。如果懶得選股的話可以挑選高股息ETF，例如國泰永續高股息（00878）持股中約有6成是電子產業，就可以跟玉山金做不同產業的搭配。

一樣每個月定期定額投入24,270元，1年就是29.124萬元，加上玉山金的20.56萬元股利（假設都把領到的6張股票以均價賣出換現金），每年總共投入49.684萬元買進00878，如果以1股18元計算，1年可以買進27.6張00878，領到股利後一樣持續買回。00878是季配息，2021～2022年平均每季約配發0.282元股利，保守預估未來每季發放0.25元股利，也就是1年發放1元，再假設年平均股價為18元，存股試算如圖表6-2-2所示。

圖表6-2-2	國泰永續高股息（00878）存股試算		
每年配發1元股利，年均股價為18元。			
年度	除權息前張數	領到股利（元）	買回張數	除權息後張數
2023	27.6	27,600	1.53	29.13
2024	56.73	56,730	3.15	59.88
2025	87.48	87,480	4.86	92.34
2026	119.94	119,940	6.66	126.6
2027	154.2	154,200	8.57	162.77
2028	190.37	190,370	10.58	200.95

可以看出6年後又存到了約201張的00878，如果以1年1元股利計算，每年又可以產生20.1萬元的股利現金流。來簡單整理一下，從2016年開始每個月投入24,270元買進1張玉山金，領到股利後繼續買回，到了2022年順利存到100張玉山金，每年可以產生20.56萬元的股利。

再從2022年起，一樣每個月投入24,270元買進00878，將玉山金的股利也通通買進00878，到了2028年可以存到201張00878，年領20.1萬元股利。此時100張玉山金加上201張00878，1年可以領到40.66萬元股利了！

圖表6-2-3統計了每年投資的資金來源，2016～2022年資金來源都是薪水，等到2022年存到100張玉山金後，每年開始有20.56萬元的股利來幫你存股，到了2028年存到201張00878之後，每年又多了20.1萬元的股利現金流。

所以在2028年以後存股時，薪水僅占總投資金額的41.73%，有高達58.27%的資金來源都是股利收入，可以算是老天爺送你的（天助），而且只要存越久、股票張數越多的話，股利的比率也會越高，也就是有更多免費的錢來幫你投資。

圖表6-2-3	玉山金（2884）每年投資資金來源					
年度	2016～2022	2022～2028		2028～2034		
來源	薪水	薪水	玉山金股利	薪水	玉山金股利	00878股利
金額（萬）	29.124	29.124	20.56	29.124	20.56	20.1
比例（%）	100	58.62	41.38	41.73	29.46	28.8

　　投資股票就是靠時間來發揮複利的效果，如果2028～2034年繼續存股，來計算一下可以累積到多少？先算一下存股的資金，這時候每年可以投入69.78萬元（29.124＋20.56＋20.1），若是拿來投資元大高股息（0056），並假設年均報酬率為6%，試算結果如圖表6-2-4所示，2034年可以累積到486.74萬元，每年領到29.2萬元股利（486.74萬×年均殖利率6%），如果以1股30元計算，總

圖表6-2-4	元大高股息（0056）投資試算						單位：萬元
年度	年報酬6%						累計
	第1年	第2年	第3年	第4年	第5年	第6年	
2029	69.78						69.78
2030	73.97	69.78					143.75
2031	78.40	73.97	69.78				222.15
2032	83.11	78.40	73.97	69.78			305.26
2033	88.10	83.11	78.40	73.97	69.78		393.36
2034	93.38	88.10	83.11	78.40	73.97	69.78	486.74

共存到162.25張0056（486.74萬元÷3萬）。

在2034年結束時，投資人已經有100張的玉山金，201張00878跟162.25張0056，股利總共可以領到20.56＋20.1＋29.2＝69.86（萬元）。回顧這個存股的過程，只是從2016年開始每個月投入2.427萬元存股票，領到股利後持續買回，到了2034年就可年領69.86萬元股利，你覺得划算嗎？存股結果如圖表6-2-5所示。

圖表6-2-5	存股試算（玉山金＋00878＋0056）			
股票	玉山金	00878	0056	合計
張數	100	201	162.25	463.25
股利（萬）	20.56	20.1	29.2	69.86

掌握存股 5 觀念 退休生活不用愁

上面存股過程的股價跟股利我只能用預估的，現實情況隨著股利和股價變化，當然會有不同結果，要強調的是，這裡的重點是講述存股過程中，「持續投入、股利再買回」的投資觀念，有5個重點：

①薪水 剛開始存股時，主要資金來源自然是薪水，重

點是有紀律、不要半途而廢，做好開源跟節流，努力存錢來投資。

②股利　隨著股票越存越多，股利現金流成為存股的主要資金，在存了18年之後每年可以領到69.86萬元股利，此時就算不再投入薪水，用股利去投資也可以持續累積資產。

③分散　靠著股利持續買進不同產業的股票，不僅可以分散風險，也會持續增加股利的收入。

④時間　投資股票是靠時間的複利效果，記得「早一點、久一點」這2大原則。越早投資你就會越快成功，時間越久就可以累積越多的資產。

⑤重複做　上述的存股過程花了18年時間，累積到約1,100萬元股票資產，可以拿來買車跟買房嗎？這樣會把複利效果中斷喔！如果維持6%報酬率，將1,100萬元持續投資下去（圖6-2-6），第20年時會累積到3,527.8萬元，年領211.7萬元股利（3,527.8萬×年均殖利率6%）。

投資沒有暴利，但是穩穩地投資你一定會成功。上班族僅有一份薪水，想要一步登天是不可能的，只能靠著自助（薪水）然後天助（股利）。

圖表6-2-6	存股後20年試算（第19年～第38年）			
原始資金1,100萬元，年報酬率6%。				
年數	第5年	第10年	第15年	第20年
總金額（萬）	1472	1969.9	2636.2	3527.8
股利（萬）	88.3	118.2	158.2	211.7

　　上面的投資過程總共耗時38年，前18年時每年要投入29.124萬元買股票，總共投入524.23萬元的薪水，或許有一點辛苦，但是第19年以後就算不再投入薪水（終於可以好好的過生活），靠著股利持續投入，第38年時年領211.7萬元股利，你的退休生活還用煩惱嗎？

6-3

退休族存金融股
資金拆兩半

退休族的重點是心情愉快，資金足夠的話存股領息即可，若覺得
存股太無聊，想做價差來調劑一下生活，就要先做好資金配置。

....

有 時候會收到粉絲的訊息詢問：「老師我有幾百萬，
應該要怎樣投資股票？」我都會建議他將資金做配
置，而非一次就貿然投入。假設資金有600萬元，我們可
以這麼做。

獲利穩定的金控 可採 2 策略買進

　　①定期定額 可以先拿一半也就是300萬元來投資，由
於我們無法預測股價的最低點，所以要採用定期定額的方

式，來平均買進的成本。那麼定期定額的期間是多長呢？我的建議是1年，如果拖太久反而會造成資金的閒置，降低投資報酬率。將300萬元分散在12個月，每個月就是買進25萬元，如果是處於多頭或是不想等太久，也可以分散在半年內買進，每個月就是投入50萬元。

定期定額的重點在於紀律，每個月都要確實買進，絕對不能夠因為股價波動就隨意停止，例如看到下跌了就想等便宜一點再買，結果股價反而漲上來，就錯過了好時機。定期定額是採用數學平均的概念，它不會讓你買在最低點，但也不會讓你All in在最高點。

②逢低加碼 另一半的300萬元資金，先保留下來作為逢低加碼用，畢竟在長期投資的過程中，一定有機會碰到相對便宜價，此時手中有資金加碼會很有幫助。逢低加碼更要講紀律，一旦碰到大跌就要確實執行，要知道單憑定期定額的方法，只能得到平均的報酬率，只有再加上逢低加碼，才能夠低成本、加大報酬率。

不過要記住，只有獲利穩定的股票，才能夠採用定期定額搭配逢低加碼的投資策略，如果是景氣循環股，或是

獲利衰退的公司，不能夠採用這種投資方法，不然可能會越買越便宜，最後進住套房且翻身無望！

以下拿彰銀（2801）來當麻豆說明，為什麼是彰銀？除了是官股金控不會倒閉之外，2020～2022年連3年獲利成長，2023年前5月累計稅後盈餘58.29億元，相較於前一年同期成長37.19%，稅後每股盈餘（EPS）為0.55元。

圖表6-3-1	彰銀（2801）近年EPS表現			
年度	2020	2021	2022	2023前5月
EPS（元）	0.68	0.84	1.04	0.55

既然是要存股，當然要挑選從谷底反彈、獲利成長的股票。彰銀主要業務以銀行的利息淨收益為主，2020年因為疫情引發降息，利差減少導致彰銀的獲利大衰退，然而2021年股市大多頭，增加財富管理的手續費淨收益；2022年美國大幅升息，利差擴大讓彰銀EPS重回1元以上，2023年美國持續升息，彰銀的獲利也持續成長。

圖表6-3-2統計2022年彰銀每月第一天的收盤價位，

假設投資人每個月定期定額買進1張，1年買進12張總共耗資21.28萬元（1.773萬元×12張）。

圖表6-3-2	彰銀（2801）2022年每月第1天收盤價				單位：元	
月份	1月	2月	3月	4月	5月	6月
股價	17.05	17.65	17.6	19.1	18.45	18.25
7月	8月	9月	10月	11月	12月	平均
17.45	17.8	17.5	16.95	17.5	17.45	17.73

那麼要在何時逢低加碼呢？這筆錢就是要耐心等待，不要輕易出手，2022年2月底俄烏戰爭開打，台灣股市開始往下溜滑梯，雪上加霜的是美國通膨高漲，也開始了升息循環。

戰爭跟通膨都是需要長期抗戰，當股市剛開始反應利空時，投資人只要堅持定期定額買進即可，逢低加碼這支寶劍不要急著出鞘，但要記得隨時留意市場變化。例如2022下半年美國通膨急遽升高，聯準會持續暴力升息下猛藥，台灣股市也跟著急跌修正，這時候就到了逢低加碼的時機了！

判斷低接時機 參考週 KD 指標

逢低加碼必須要隨機應變，不能再像定期定額股1個月買1次，我通常會參考週KD，圖表6-3-3可以看出在2022年7月跟10月、2023年3月時，週KD都位於相對低點，這就是逢低加碼的時機。

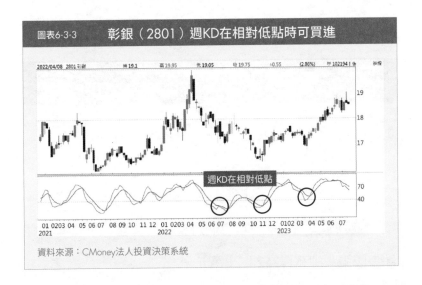

圖表6-3-3　彰銀（2801）週KD在相對低點時可買進

週KD在相對低點

資料來源：CMoney法人投資決策系統

什麼叫做逢低加碼？就是要買的比以前便宜，由於2023年2、3月買進時股價在17.6元附近，所以我當然會希望加碼在更便宜的價位，也就是17元以下。7月時股價

已經跌到17元附近，但當時俄烏戰爭跟美國通膨才開始發酵，所以我會選擇先觀望。

9月時美國通膨加劇，持續強力升息讓全球股市紛紛下挫，10月時台灣大盤急殺到跌破1萬3千點，彰銀的股價也跌破17元大關，終於等到加碼的時間點了！假設在10月每週收盤時買進1張，就如圖表6-3-4所示。

圖表6-3-4	彰銀（2801）逢低加碼時機點			單位：元	
日期	2022/10/14	2022/10/21	2022/10/28	2022/11/4	平均
股價	16.6	16.4	16.45	16.55	16.5

接著來計算一下「定期定額＋逢低加碼」的效果：

①**定期定額** 2022年每個月第一天買進1張，1年總共買進12張，總花費為21.28萬元。

②**除權息** 彰銀在2022年8月11日除息0.5元跟除權0.1元，所以1～7月買進的7張股票可以參加除權息，領到了7張×500元＝3,500元現金，以及7張×10股＝70股。

③**逢低加碼** 買進4張，總花費為6.6萬元（1.66萬

+1.64萬+1.645萬+1.655萬）。

④累積資產 總共買進16張,加上配發的70股,持有張數為16.07張,以及得到3,500元現金股利。

⑤平均每股成本 買進16張總共花費21.28萬＋6.6萬=27.88萬元,領到3,500元現金股利後,總成本降為27.53萬元,所以每股的平均成本＝275,300元÷16,070股＝17.13元,低於定期定額買進的平均成本17.73元,可以看出逢低加碼確實發揮出降低成本的威力。

以上只是拿1年的時間,說明定期定額跟逢低加碼的操作方法,重點還是要挑一支大到不會倒、獲利成長且配息穩定的股票。長期存股往往會經歷很多年,一定要有紀律地定期定額買進,再搭配逢低加碼跟配股配息持續買回,就可以有效地降低持股的成本。

成本越低將來領到股利的殖利率就越高,也更有機會賺到股價上漲的價差。以我持有10幾年的中信金（2891）為例,成本應該只剩下個位數字,就算抱著每年領1元股利也很划算,所以很多高手到最後股票就抱著不動,因為持有成本很低,放著當萬年金雞母來下金蛋。

退休族做價差 考驗個人功力

存股的好處是方法容易複製，「定期定額、逢低加碼、股利再投入」，相信每個人都可以做得到，所以我比較建議大家好好存股票。存股的缺點是上班族通常沒有很多錢，往往只能1張、1張慢慢買，要花上20、30年才能累積到足夠的資產，我自己也是上班工作25年，才達到財務自由的境界。

或許做價差看起來比存股更迷人，畢竟只要抓到1、2根漲停板，就勝過領幾年的股利了！但是股市不會天天過年，我的經驗常常是這邊賺，然後那邊賠，最後不僅空歡喜一場，還賠掉手續費、證交稅，更賠上心情。

做價差的經驗很難複製，也非常考驗個人的功力，股價究竟是往上還是往下，每個人的判斷都不盡相同，畢竟一檔股票能夠成交，就表示有人賣出（看空），也有人買進（看多），那麼誰是對的呢？股市新手如果功夫不到家，就貿然進場做價差，其實跟繳學費是沒有兩樣的。

退休族的重點是心情愉快，如果資金足夠的話，存

股領股利即可，把精神放在遊山玩水上面比較實際！如果
覺得存股太無聊，想要做價差來調劑一下生活，首先就是
要做好資金的配置，例如只拿30%的資金做價差即可，絕
對不要押身家。做價差也不一定要挑小型飆股，其實大型
穩健的龍頭股，每年還是有幾次做價差的機會。

　　從圖表6-3-5可以看出，中華電（2412）每年除息前
的股價，會因為想要領股利的買盤而節節向上，但是除息
後也因為買盤消失，股價又會往下盤跌回原點。所以在中
華電除息後的年底，反而是買進的最佳時機，而在隔年除

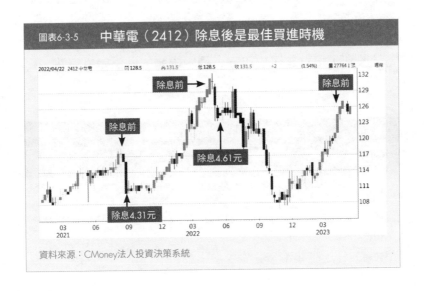

圖表6-3-5　中華電（2412）除息後是最佳買進時機

資料來源：CMoney法人投資決策系統

息前卻要獲利出場。

從圖表6-3-6的統計可以看出，中華電每年約配發4.6元的股利，殖利率僅4%左右，其實不會太迷人，除非持有的張數很多，不然領到的股利不一定夠當退休金。中華電通常在7月中除息，從過去的股價走勢（圖表6-3-5），可以看出除息前都會有波段的高價，如果趁機獲利了結，然後在除息後的10月附近再買回，賺到的價差往往是股利的好幾倍。

對於中華電這種獲利穩定，但是股息殖利率不高的龍頭股，做價差反而會比存股領息有利，所以我一定會做價差。就算做價差失敗，不小心被套牢了，中華電一樣可以放著領股利，這就是可攻可守，穩中求勝的做價差投資法。

圖表6-3-6	中華電（2412）做價差勝過存股				單位：元	
時間	2020年10月	2021年8月	2021年10月	2022年5月	2022年10月	2023年5月
操作	除息後買進	除息前賣出	除息後買進	除息前賣出	除息後買進	除息前賣出
股價	107	118	112	130	107	127
價差	11		18		20	
股利	4.31		4.61		4.7	

掌握股性 靈活操作官股、民營金控

前面幾章已經談到官股跟民營金控的優缺點，景氣好的時候民營金控獲利成長高，股價容易大漲；景氣不佳時官股金控較穩定，股價不容易大跌。所以也可以適時在兩者之間做切換，來獲取最高的報酬。以下拿民營的國泰金（2882）跟官股的合庫金（5880），來說明操作策略。

①景氣不佳時，買進壽險金控 2021年初剛經歷完肺炎疫情肆虐，國泰金股價在40元附近徘徊，壽險金控就是要買在景氣不好的時候，然後靜待景氣的翻揚。

②景氣過熱時，轉往官股金控避險 2021年受惠於降息，股債雙漲讓國泰金賺進一個股本。然而2022年2月俄烏戰爭開打，美國為了因應通膨而開啟升息循環，明顯對壽險金控不利，於是趁高點出脫國泰金股票，將資金轉往官股的合庫金避險，目的是安穩地領股利。

③景氣落底時，再買回壽險金控 2022年10月底，因為美國持續暴力升息，市場恐慌到極點，國泰金股價跌破40元關卡，又到了撿便宜的時候了，所以賣出合庫金然後買回國泰金。

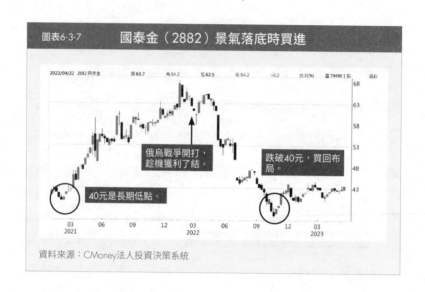

圖表6-3-7 國泰金（2882）景氣落底時買進

俄烏戰爭開打，趁機獲利了結。

跌破40元，買回布局。

40元是長期低點。

資料來源：CMoney法人投資決策系統

　　接著用實際的投資試算，來說明民營跟官股「乾坤大挪移」策略所獲得的報酬。由於前面章節已經說明40元是國泰金的長期低點，此處就不再贅述。

　　①買進國泰金 2021年初用40元買進1張國泰金，投入資金為4萬元。2021年配息2.5元，1張得到0.25萬元股利，2022年初股價漲上68元，此時總資產為6.8萬＋0.25萬＝7.05萬元。

　　②轉移到合庫金 2022年初居高思危出脫國泰金，將7.05萬元買進合庫金，以當時股價27元計算，可以買進

7.05萬÷2.7萬＝2.6張。合庫金在2022年配發1元現金跟0.3元股票，總共可以拿到0.26萬元現金跟78股，以2022年10月底股價25元計算，總價值為（2.678張×2.5元）＋0.26萬＝6.955萬元，跟年初的7.05萬元總值差不多，也就是避開了國泰金的大跌損失。

③ 買回國泰金 2022年10月國泰金跌破40元，如果在38元買回可以買進6.955萬÷3.8萬＝1.83張，比起2021年初的1張，大幅成長了83%。

④ 循環操作 等將來國泰金獲利成長，股價站上高點後，一樣賣出將資金轉往合庫金避險；等到國泰金獲利衰退、股價下跌，再賣出合庫金將資金轉往國泰金，逢低進場。

投資就是先「找到成功的模式」，然後「一再地複製」。上面分享了官股跟民營金控之間「乾坤大挪移」的操作模式，根據我個人的經驗，報酬率會勝過單獨存官股或是民營金控，在這邊分享給大家參考。

chapter
7
做好資產配置
投資才能安心

7-1

不是有錢才煩惱
資產配置要做好

**股票市場就是有人賺錢，也有人會賠錢，如果你不具備正確的投
資心態，高報酬是別人的，高風險才是自己的。**

講到了資產配置，許多人都會說：「那是有錢人才
要煩惱的，我現在錢不多，所以跟我沒有關係
吧？」，沒有錢就不需要做資產配置嗎？其實，資產配置
的目的是降低風險，採取分散投資的觀念，將你的資產分
散到股票、債券、不動產等資產上面。最終的目的是降低
風險，然後賺取穩定的報酬。

常見的資產有：股票、不動產、現金、債券，這些
商品擁有不同的報酬率，但是股票跟債券會下跌，現金會

因為通膨而貶值，都存在著不確定的風險。資產配置的目的，就是組合不同風險與報酬率的商品，來降低整體的投資風險，而不是無條件去追求高報酬率。

資產配置並不會讓你大賺錢，反而會犧牲一點點報酬率，例如股債平衡配置，目的還是取得較低的風險，讓你的投資能夠安心。

存股與買房 到底哪個重要？

房子跟股票都是資產，經常有網友問到，要先買房子，還是先存股票？其實重點在於「資產配置」，因為每個人分配的比例，以及買進的先後順序都不同，例如你是房子多或是股票多？是先存股票還是買房子？不同的選擇跟配置，產生的結果也會不同喔。

台灣人熱衷於買房，但是現在的房子又很貴，一般人要耗費20、30年的收入來繳貸款，於是多數人的資產就集中在房子上面，但是自住的房子並無法產生收入，而且當股市上漲時也無法受惠。或許你覺得將來房價會上漲，但只要沒賣掉房子你也看不到錢，而且也很難將客廳、房間

租出去賺錢，在產生現金流這方面，自住的房子明顯弱於股票。

將資產集中在房子或是股票，會產生不同的結果，假設A君有價值3,000萬元的房子，跟1,000萬元的股票投資；B君則是有價值1,000萬元的房子，跟3,000萬元的股票投資，可以假設以下3種情況發生：

①股災 房價下跌10%，但是股票下跌30%。A君的資產會變成2,700萬（房子）＋700萬（股票）＝3,400萬元，但是B君的資產會變成900萬（房子）＋2,100萬（股票）＝3,000萬元。A君的資產縮水較少，因為房子具有穩定的效果，受股災的侵蝕較小。

②股市上漲 如果20年後股票上漲2倍（年化報酬率6%），但是房價只上漲50%。A君的資產會變成4,500萬（房子）＋3,000萬（股票）＝7,500萬元，但是B君的資產會變成1,500萬（房子）＋9,000萬（股票）＝1.05億元。B君持有較多股票就容易受惠於經濟的發展，長期來說股票的成長性較高，至於房價現在已經很高，將來很難再大幅上漲。

③現金流 假設股票每年配發5%的股利,自住的房子不會產生任何的現金流入。A君的收入為0（房子）＋50萬（股利）＝50萬元,B君的收入為0（房子）＋150萬（股利）＝150萬元。股票產生現金流的能力較高,B君有更多的錢來進行投資,或是貸款買進更大的房子,資產增加的速度會比較快。

房子的優點是具有較高的穩定性,但是房價並非只漲不跌,少子化更會減少房子的剛性需求,所以買房子請注意3大要點:「地點、地點、地點」,蛋黃區會勝過蛋白區跟蛋殼區。股票投資則相對靈活,也較容易受惠於經濟的成長,但是股票一樣不會只漲不跌,買錯股票也有可能會歸零。投資最重要的是具備風險意識,要知道「小心駛得萬年船」、「慢慢走真的比較快」。

雖然投資個股可能會得到高報酬,可惜人是感情的動物,往往是在樂觀時拼命追高,一旦股價下跌就被套在高點。從圖表7-1-1的陽明（2609）走勢可以看出,儘管股價曾大漲一波,但是大多數的散戶卻是住在山頂上,反而很難賺到錢。股票市場就是有人賺錢,也有人會賠錢,如

果你不具備正確的投資心態,高報酬是別人的,高風險才是自己的。

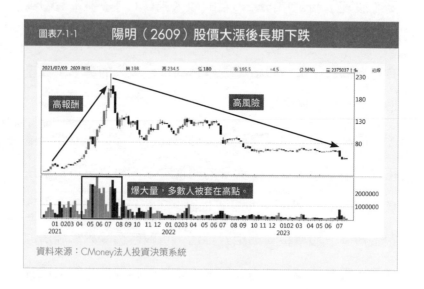

圖表7-1-1　陽明(2609)股價大漲後長期下跌

資料來源:CMoney法人投資決策系統

6 大類核心持股 長抱安穩領股利

以投資來講,要如何做到資產配置呢?股票可以簡單區分為大型龍頭股及小型成長股,龍頭股的特點是股價波動較小,獲利跟配息也比較穩定,可以當成「核心持股」長期抱著安穩領股利,一來當成生活費,二來也可以用來買進更多的股票。

核心持股的重點在於「張數」，可以採用定期定額的方式存股，股災時更要逢低加碼，張數越多就可以領到越多股利，總有一天能達到財務自由。以下介紹我喜歡的核心持股種類：

①技術領先 護國神山台積電（2330），專注在晶圓製造且技術領先全球，受惠於行動裝置、5G通訊、無人機、機器人、物聯網、自動車、AI、太空探險等領域，半導體產業還有很大的成長空間。

②官股金控 由財政部主導並接受立法院監督，擁有「不會倒閉」的護身符，過去的獲利與配息都很穩定，平均殖利率約5%以上。投資人要把握「便宜用力買」的原則，降低投資的平均成本，更能增加往後的殖利率。

③通路優勢 例如統一超（2912），挾龐大通路的優勢，已經深入每個人的生活中，獲利與股利都穩定成長，持續以「大者恆大」的態勢擴大市占率。

④保全長照 例如中保（9917）與新保（9925）這兩家保全業者，獲利與配息非常穩健，隨著人口結構逐漸老化，銀髮族安養的商機也是越來越大，保全業開始跨入老

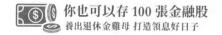

人居家照護的業務。

⑤電信股 網路已經成為不可缺少的生活必需品，中華電（2412）、台灣大（3045）、遠傳（4904）合稱為電信三雄，掌握台灣網路業務的大餅。

⑥高股息ETF 同時持有幾十檔獲利與配息穩定的成分股，並且會定期汰弱換強，ETF幾乎不可能變成壁紙，在股災時擁有非常高的防禦力，如0056跟00878都深受投資人的喜愛。

儘管核心持股擁有「穩定獲利」的優點，但是因為股

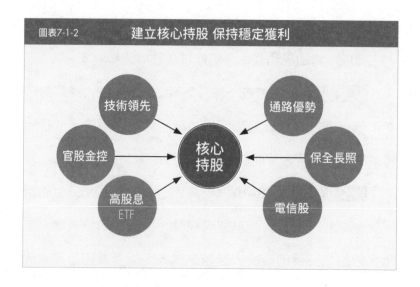

圖表7-1-2　建立核心持股 保持穩定獲利

技術領先　通路優勢　官股金控　核心持股　保全長照　高股息ETF　電信股

本過於龐大，獲利成長性通常比較小。此時也可以搭配一些股本小、成長潛力高的小型股，這些公司一旦營運步上軌道，搭上產業興起的浪頭，獲利的爆發性會很驚人。

用核心養衛星持股 穩中求勝賺價差

我的投資哲學是「核心持股搭配衛星持股」，衛星持股具備「高報酬、高風險」的特色，重點是要堅守能力圈，不懂的股票千萬不要碰，更不要道聽塗說隨便買飆股，當心賠了夫人又折兵。

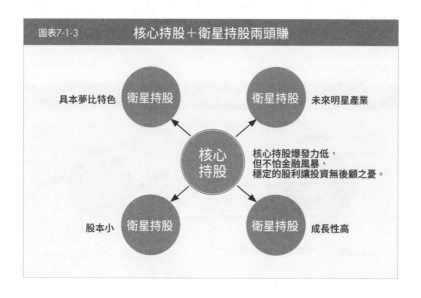

圖表7-1-3　核心持股＋衛星持股兩頭賺

具本夢比特色　衛星持股　　衛星持股　未來明星產業

核心持股　核心持股爆發力低，但不怕金融風暴，穩定的股利讓投資無後顧之憂。

股本小　衛星持股　　衛星持股　成長性高

　　如果是高資產人士，專注在安全性高的核心持股，安穩領股利就可以遊山玩水。至於小資族則可以配置一些的衛星持股，才能抓住迅速成長的機會。我個人比較建議的配置是：核心70%＋衛星30%，穩中求勝比較好。每個人的風險承受度並不相同，當然你也可以調整出適合自己的比例，但是當你拉高衛星持股比重去追逐高報酬時，也會增加投資組合的整體風險。

　　投資是一個長期過程，要避免「呷緊弄破碗」，以免功虧一簣。我的做法是「用核心來養衛星」，先設定目標，專心存安穩的核心持股，例如存到1,000萬元後每年

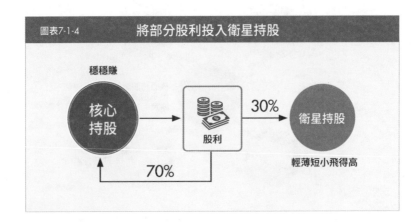

圖表7-1-4　將部分股利投入衛星持股

可以領到60萬元的股利，如果你是保守的投資人，60萬元股利持續買進核心持股，不斷增加資產即可；如果你想要積極一點，可以將股利撥出30%（18萬元），買進你覺得有成長潛力的衛星持股，來爭取更高的獲利機會。

不過在心態上要先建立正確的認知，核心持股每年都能領股利，可以馬上看到成效，股災時也不用太擔心；衛星持股可能沒有股利（或很少），大部分需要長時間的等待，是無法立即看到成果的，甚至可能賠光。

投資股票不能夠只想到贏，更要想到輸。將多一點的資金配置在核心持股，少一點的錢放在衛星持股，才是兼具安穩與成長性的配置方式。

7-2

市值型vs高股息ETF
誰勝誰負？

我們無法預測未來的股價走勢，但同時持有市值型與高股息 ETF 的資產配置，確實可以降低資產風險。

投資股票的目的是要有錢更要有閒，如果耗費太多的時間在研究個股上面，反而會影響到生活的品質，而且股價往往是起起落落，上漲時煩惱要不要停利，下跌時擔心要不要停損，只會增加心理上的壓力，那要如何克服這些困擾呢？

用持有一籃子成分股的ETF來取代個股，你只要輕鬆地研究大方向即可，也就能避開買錯個股慘賠的風險了！ETF一樣是透過資產配置的概念，將持股分散成數十檔，

目的是為了降低風險而非增加報酬率，所以ETF的報酬率一定會輸給飆股。現在的ETF種類有很多，其中「市值型」跟「高股息型」這2種ETF，是很多存股族會拿來比較的類型。

市值型 ETF：產業龍頭幫你賺錢

ETF是追蹤一個指數，指數會決定ETF的成分股跟權重，也會影響ETF往後的配息與績效表現。市值型ETF就是用成分股的市值來決定權重，在台灣最具代表性的應該是「台灣50指數」，它是挑選台灣市值最大的50家企業當作成分股，並用市值的大小來決定權重。

元大台灣50（0050）跟富邦台50（006208）都是追蹤台灣50指數，它們就像是同卵雙胞胎，因為成分股都一樣。圖表7-2-1列出006208前10大成分股跟權重，可以看出都是各產業的龍頭公司，只要你相信台灣的經濟會持續成長，只要你堅持長期投資，就會有台灣前50大市值公司幫你賺錢。

由於0050跟006208都是追蹤台灣50指數，投資人

圖表7-2-1	富邦台（006208）前10大成分持股				
股票代號	股票名稱	權重（％）	股票代號	股票名稱	權重（％）
2330	台積電	48.06	2891	中信金	1.57
2317	鴻海	4.69	2881	富邦金	1.56
2454	聯發科	3.56	2412	中華電	1.54
2308	台達電	2.59	2886	兆豐金	1.48
2303	聯電	1.98	1303	南亞	1.4

資料日期：2023/8/1

反而會困惑要買哪一個？我常常舉一個例子來形容，在我家附近有7-11跟家樂福，當我想要買可樂時，我會優先選擇家樂福，因為喝起來口味一樣，但是它比7-11更便宜。如果ETF追蹤的指數相同，記得要挑選成本比較低的，投資ETF必須要支付經理費、保管費、交易稅費等成本，這些都會拉低你的總體報酬率。

從圖表7-2-2可以看出006208的費用率相對便宜，所以是我的首選。例如同樣投資1,000萬元，買進0050，1年要付出4.3萬元的總管理費用（直接按日扣除，不用額外繳交），但是買進006208只要付出2.4萬元，省下了1.9萬元可以拿去買更多的股票，當然也就能拿到更高的報酬率了。

圖表7-2-2	0050與006208費用成本		單位：%
ETF	經理費	總管理費用	追蹤指數
0050	0.32	0.43	台灣50指數
006208	0.15	0.24	

資料來源：MoneyDJ

高股息 ETF：持股著重殖利率表現

　　台灣50指數只是挑選「市值」最大的50家公司，但是市值大的不一定是獲利最好的，而且因為台積電的市值太大，所以占了0050、006208將近一半的權重，台積電身處競爭激烈的半導體產業，每年要保留許多盈餘來擴廠與研發技術，導致台積電的殖利率僅2%左右，當然也降低了006208的殖利率。

　　對於一些高資產或是年長的投資人，比較在乎的是股利收入，高股息型的ETF會是比較適合的選擇。高股息ETF的指數通常是用「殖利率」來決定成分股跟權重，這是跟市值型最大的不同。目前台灣規模最大的2檔高股息ETF，就是元大高股息（0056）跟國泰永續高股息（00878），它們分別追蹤不同的指數。

　　0056是追蹤「臺灣高股息指數」，從台灣市值前150大企業中，挑選未來1年「預測」現金股利殖利率最高的50檔股票作為成分股；00878則是追蹤「MSCI臺灣ESG永續高股息精選30指數」，挑選最近1年與最近3年，股息殖利率前30名的股票。

　　從指數的精神來看，0056是「預測」未來1年，00878則是挑選「過去」，兩者的選股邏輯是完全不同的，所以選出的成分股也不盡相同。從圖表7-2-3可以看

圖表7-2-3		0056與00878前10大持股比較			
元大高股息（0056）			國泰永續高股息（00878）		
股票代號	股票名稱	權重（%）	股票代號	股票名稱	權重（%）
2382	廣達	3.66	2357	華碩	5.8
3034	聯詠	3.49	3231	緯創	5.5
3231	緯創	3.47	2382	廣達	4.81
2356	英業達	3.09	2356	英業達	4.21
2454	聯發科	3.07	2301	光寶科	4.09
2301	光寶科	3.0	2324	仁寶	3.83
2376	技嘉	2.98	3702	大聯大	3.62
3711	日月光投控	2.94	2454	聯發科	3.56
2303	聯電	2.87	1303	南亞	3.4
4938	和碩	2.53	2377	微星	3.4

資料日期：2023/6/21

出，高股息ETF的成分股權重比較接近，分散的效果較佳，不會像市值型的獨尊台積電一家。

雙重配置 降低資產風險

在說明完市值型與高股息ETF的特點之後，要如何挑選適合自己的類型呢？可以從指數邏輯及資產配置的角度來討論。

①指數邏輯 市值型的006208有將近一半是台積電，但是台積電的殖利率不佳，所以沒有成為高股息ETF的成分股。台積電股價從2011年的60幾元大漲到2022年的688元，自然帶動了006208的報酬表現，沒有台積電的高股息ETF就沒有受惠。所以，如果你喜歡台積電，就挑選市值型ETF；如果想要安穩領股利，可以選擇高股息ETF。

②同時配置 儘管市值型ETF受惠於台積電，但是台積電在股價站上500元之後，股價成長的幅度也開始趨緩。台積電過去可以大漲10倍，但是未來能夠繼續成長10倍到5,000元嗎？如果不能的話，市值型ETF也很難維持過

去的成長率。資產配置就可以避免「誰最好」的煩惱，同時持有市值型跟高股息ETF，就能夠兼顧台積電的高成長，以及高股利了。

資產配置的目的不是將報酬率最佳化，而是以「降低風險」為主。如果都持有市值型的006208，當台積電大漲時確實可以得到較佳的報酬率，但是2022年台積電從688元一路跌到370元，你的心理壓力也會很大。我們無法預測未來的股價走勢，但是同時持有市值型與高股息ETF的資產配置，確實可以降低你的資產風險。

那麼同為高股息的0056跟00878應該如何選擇？由於指數精神不同，預測未來的0056跟統計過去表現的00878，兩者的選股邏輯就具備互補性。所以站在資產配置的角度，可以同時買進2檔來存股。

7-3

年輕人勇敢衝
退休族要安心賺

資產配置就是在「風險」與「報酬」中取一個平衡，沒有「最棒的」
資產配置方式，只有「最適合」自己的配置。

· ·

為什麼要同時配置股票跟債券？究竟是投資股票好、還是債券好？往往是不少投資人心中的疑問。根據過往的統計資料，長期投資是股優於債！所以投資股票比較好？先不要隨便下結論，雖然股票的長期報酬率較高，但是股災時往下的修正幅度也很可怕，很多人會在大跌時拼命賠錢賣股票，反而得不到好的報酬率。

人性往往是左右報酬率的最重要因素，只有「安心」才能做好長期投資。如圖表7-3-1所示，2020年2月

因為爆發肺炎疫情，台股接連重挫，但是國泰20年美債
（00687B）卻因為避險資金的湧入而大漲。投資人如果同
時持有股票跟債券，股災時不僅可以安定心情避免賤賣股
票，債券上漲也可以彌補股票投資的損失，這就是股債同
時配置的優點。

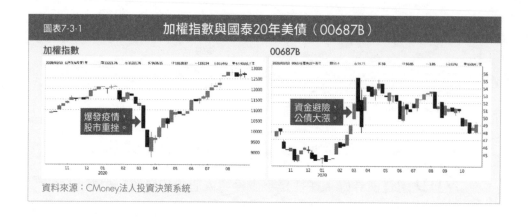

圖表7-3-1　加權指數與國泰20年美債（00687B）

加權指數

爆發疫情，
股市重挫。

00687B

資金避險，
公債大漲。

資料來源：CMoney法人投資決策系統

　儘管美國政府公債最安全，但是越安全的商品報酬率
就越低，所以我們還是會願意多承擔一點點的風險，來得
到較高的報酬。從圖表7-3-2可以看出，投資級公司債的
違約率，與公債相去不會太大，但是殖利率卻相對較高。

圖表7-3-2　一樣投資等級債券 BBB級利率相對更高

（違約率）

近年投資等級債違約率

投資級公司債違約率，與公債相去不大。

0.03%　0.06%

2012　2014　2016　2018　2020

（殖利率）

彭博10年期以上BBB美元息收公司債（中國除外）指數
歐洲投資級債　美國主權債　歐洲主權債

5～6%

BBB投資級債收益率

公債收益率

3～4%

2012/11　2014/11　2016/11　2018/11　2020/11　2022/11

資料來源：Bloomberg

（截止2023/7/27，美國公債尚未有違約紀錄，也就是違約率為0）

股債安心配 低波動是最大優勢

如果同時配置股票型的國泰永續高股息（00878）跟債券型的國泰投資級公司債（00725B），從圖表7-3-3中可以看出能夠大幅降低波動度（指某一特定時期內，資產價格變化幅度的統計）。

高波動度的商品價格變動幅度較大（例如股價在30元～60元間波動），低波動度的價格變動幅度較小（例如股

價在25元～28元間波動）。一般來講，高波動度意味著當市場處於不確定時期，投資的風險升高，有可能得到高報酬或是嚴重虧損。圖表7-3-3可以看出，股票的波動度會超過債券，如果投資組合中加入債券，就可以降低整體的波動度。

圖表7-3-3	股票＋債券配置 可降低波動度	
	純股票配置	股票＋債券配置
2013/5/31～2023/5/23	00878	00878＋00725B
配置比重計算	股票100%	股票50%＋債券50%
年化報酬率（%）	10.07	7.24
年化波動度（%）	13.03	8.87
報酬風險比	0.77	0.82

資料來源：國泰投信官網
說明：報酬風險比指的是投資的效率，計算方式為年化報酬率÷年化波動度。

持有債券可以降低波動度，但是年化報酬率也會稍減，畢竟沒有能夠兼顧高報酬與低波動的商品。犧牲一點報酬率，來降低你的投資組合波動度，目的還是讓你「安心」，避免因為心慌意亂而做出錯誤的決策。

美國自從2022年3月開始大幅升息，統計到2023年5月累計升息達20碼（5%），債券的殖利率也跟著攀升。

從圖表7-3-4可以看出，00725B跟00878的配息穩定，可
以幫投資人提供穩定的現金流，00725B每季的平均殖利
率為1.17%（1年為4.68%），00878則是1.63%（1年為
6.52%），在同類型的ETF中，殖利率都算是不錯的。

圖表7-3-4	配息穩定 可提供穩定現金流				
國泰投資級公司債（00725B）			國泰永續高股息（00878）		
股利所屬期間	現金股利（元）	殖利率（%）	股利所屬期間	現金股利（元）	殖利率（%）
2022 Q1	0.4	1.06	2022 Q1	0.32	1.79
2022 Q2	0.42	1.14	2022 Q2	0.28	1.62
2022 Q3	0.46	1.34	2022 Q3	0.28	1.67
2022 Q4	0.41	1.1	2022 Q4	0.27	1.57
2023 Q1	0.44	1.19	2023 Q1	0.27	1.5
平均	0.426	1.17	平均	0.284	1.63

資料來源：Yahoo

2022年因為美國暴力升息，資金從股市跟債市流向銀
行，導致股債雙殺下場，但是也提供便宜買進股票跟債券
的機會點。假設投資人有1,000萬元的資金，用1比1的配
置分別買進00725B跟00878，預估1年可以領到的股利：
00725B為23.4萬元、00878為32.6萬元、合計為56萬
元，總資產平均殖利率為5.6%也算是不錯的了！

看到這裡，或許讀者會覺得，既然股票型的00878殖利率較高，為何要配置殖利率較低的債券型00725B？股債配置的重點是「低波動」，讓你在報酬跟風險之間取一個平衡，目的是讓你安心而非高報酬。由於每個人的年紀跟資金都不同，所以也會有不同的股債配置方式。

①資金 高資產人士可以配置較高比例的債券，重點在於求一個穩定，股災降臨時你一樣可以安心領息。至於小資族則可以多配置一點股票，儘管會承受較高的心理壓力，但也可以加快累積資產的速度。

②年紀 年輕人可以多配置一點股票，尋求更高的報酬，但是隨著年紀的增加也要慢慢增加債券的比例，年紀越高越應該求穩，樂活人生才是王道。一般來說，投資股票「百分比＝100－你的年齡」。30歲的年輕朋友，可以投資70%的股票，只要配置30%的債券；如果是70歲的退休人士，資產可以配置30%的股票，跟70%的債券。

股債再平衡 不怕多空波動

最後要說明一下股債「再平衡」的觀念，假設投資

人年紀為50歲,擁有1,000萬元的資金,他的配置為:股50%、債50%,也就是買進500萬元的股票ETF(例如00878)跟500萬元的債券ETF(例如00725B)。

很快的1年過去了,在51歲生日當天,投資組合應該變成49%股票跟51%債券。可是過去1年中股市大好,500萬元的00878增值到了650萬元,而00725B則縮水到450萬元,此時他的總資產為650萬+450萬=1,100萬元。如果要調整配置到49%的股票,也就是持有1,100萬×49%=539萬元的00878,所以必須賣掉650萬-539萬=111萬元的00878,再將111萬元加碼買進00725B到561萬元

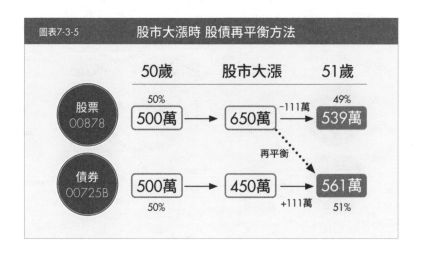

圖表7-3-5　股市大漲時 股債再平衡方法

（450萬＋111萬），就完成股49%跟債51%的配置。

詳細配置如圖表7-3-5所示，再平衡可以解釋為當股市大好後，趁機減碼股票來獲利了結，然後將111萬元的資金轉進安穩的債券，進行避險並領取股利。

很不幸地接著發生了股災，隔年股票投資從539萬元縮水到430萬元，但是債券從561萬元增值到620萬元，此時總資產為430萬＋620萬＝1,050萬元。52歲生日時一樣實施再平衡，此時該持有52%的債券，也就是1,050萬×52%＝546萬元，必須賣掉620萬－546萬＝74萬元，然後將股票部位加碼到430萬＋74萬＝504萬元，就完成

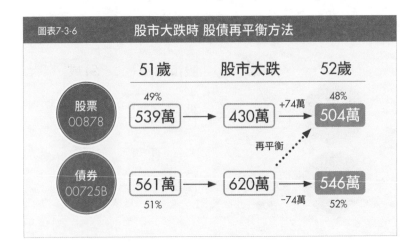

圖表7-3-6　股市大跌時 股債再平衡方法

了股48%債52%的配置。此時的再平衡是將債券部分獲利了結，拿去加碼跌深的股票。

再平衡就是利用股票的成長性，與債券的安全性，來配置你的投資組合。當股市大好時，將部分股票獲利了結，並轉往債券避險跟領股利；等到股市重挫時，再將債券的資金抽出，進入股市撿便宜，等待股市好轉時就可以增加收益。

追求安穩 有 3 個代價

最後來做一個總結，做資產配置的目的是為了降低風險，並保持穩定的報酬。但是追求安穩就需要付出代價，這世上沒有低風險又是高報酬的配置。

代價①分散投資可能讓你少賺

在我年輕時，台積電（2330）曾經占我投資組合的80%以上，但是2008年金融海嘯時電子股大跌，我決心分散投資來降低風險，所以開始增加其他股票的布局。結果台積電從金融海嘯時的30幾元，大漲到2022年的688元，分散布局的策略確實讓我少賺！

不過台積電算是特例，如果當時我將資金都集中在宏達電（2498），後果也會相當慘烈！平心而論，分散投資是正確策略，但避開風險時也可能降低你的總體報酬率。

代價②增加研究時間

當你要做配置時就必須要研究不同的產業跟個股，例如2022年下半年起債券投資成為顯學，我就花了不少的功夫來研究債券ETF。資產配置的重點在於「不同產業」，這樣才會有互補性，如果分散投資中信金（2891）、第一金（2892）、合庫金（5880）、兆豐金（2886）、京城銀（2809）……結果都是在同一產業，金融風暴時一樣會全部中獎。

分散投資時絕對不要「為了分散而分散」，如果為了分散而去亂買自己不懂的股票，其實反而是置身在更高的風險中，當你分散在越多的股票上面，就必須要好好花時間做功課。不然就利用ETF來取代個股，例如市值型、高股息、債券ETF，只要做好資金的配置即可。

代價③還是有賠錢風險

資產配置的重點在於「互補」，例如一個穩定但沒有

收入的自住房產，搭配風險較高但有股利收入的股票，就產生互補的效果。但是在股災嚴重時，例如2008年美國因次貸風暴引發金融海嘯，導致房市跟股市都重挫，就沒有互補了！雖然發生的機率不高，但總是會有意外。

2022年美國暴力升息17碼，這也是史上難得一見的意外，導致股市跟債市雙雙下殺，股票與債券突然不互補了，反而對壽險金控產生重大的傷害。

做資產配置前 先認識自己

資產配置就是在「風險」與「報酬」中取一個平衡，每個人的年齡、收入、資金規模、專業知識、風險承受度……都不同，所以沒有「最棒的」資產配置方式，只有「最適合」自己的配置。因此在做配置之前，首先要認識自己：

①年齡 年紀小的朋友，就算投資失敗也還有時間東山再起，所以可以做積極一點的配置，例如股票與債券的配比例為8：2。如果是年紀大的退休人士，不想被風險搞亂心情，就要尋求較安穩的投資組合，像是集中在高股息跟

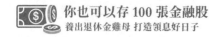

債券ETF上面。

②收入 收入穩定且較多的人，可以承擔高一點的風險，所以不要做太過保守的配置。至於收入少或是不穩定的人，反而應該要保守一點，不要亂碰不懂的飆股，以免不小心虧光辛苦賺來的錢。

③資金 中華電（2412）是非常穩定的公司，但是最近幾年的殖利率僅約4%。如果是資金1億元的大戶，買進中華電可以年領400萬元股利，專心遊山玩水就可以了，而且也不用擔心中華電倒閉。但如果是資金100萬元的小資族，投資中華電1年只能拿到4萬元的股利，要多少年才能夠財務自由？小資族還是要多承擔一點風險，尋求更高報酬率的投資組合。

④專業知識 股票、債券、房地產投資……都需要花時間做功課，有人在買房子之前，看了超過百間的預售屋。請記住「投資自己才是最好的投資」，多讀書來吸收知識，擴展你的專業能力才是最大的保障。大家都知道股神巴菲特很有錢，卻不知道他每天都花很多時間在閱讀。

⑤心理強度 2008年金融海嘯期間，我的股票投資

帳面上損失數百萬元，當時也覺得恐慌，可是我告訴自己「如果連幾百萬都受不了，將來怎麼承受幾千萬的損失？」我當然希望將來的資產能夠變成10倍，也就是未來有可能遭逢幾千萬元的帳面損失。我不斷提醒自己買的都是好股票，就這樣度過了股災，甚至學會了利用大跌來逢低加碼！

人的一生中一定會遭逢幾次的重大股災，培養自己的心理強度就很重要，當股票下跌賠錢時，要理性檢視手中的是不是好股票，從下跌過程中持續鍛鍊心理的強度。當你的心理強度夠高時，自然能利用股災做風險高一點的投資，例如我在2009年借500萬元房貸買進便宜的績優股，最後也獲得很好的報酬。

只要是金融商品，價格起起落落很正常，如果你會因為大幅波動而做出錯誤的決策，例如大漲時樂觀追高，大跌時悲觀殺低，建議你必須做好資產配置，來降低風險。但如果你了解投資的風險，也有能力追求更高的報酬率，其實不用為了追求穩定而刻意做資產配置，不然也會降低報酬率。

NOTE

NOTE

你也可以存100張金融股：
養出退休金雞母 打造領息好日子

作者：陳重銘

總編輯：張國蓮
副總編輯：李文瑜
責任編輯：劉彥辰
美術設計：陳達勳、楊雅竹、謝仲青
封面攝影：張家禎

董事長：李岳能
發行：金尉股份有限公司
地址：新北市板橋區文化路一段 268 號 20 樓之 2
傳真：02-2258-5366
讀者信箱：moneyservice@cmoney.com.tw
網址：money.cmoney.tw
客服 Line@：@m22585366

製版印刷：緯峰印刷股份有限公司
總經銷：聯合發行股份有限公司

初版 16 刷：2024 年 04 月

定價：400 元
版權所有 翻印必究
Printed in Taiwan

國家圖書館出版品預行編目（CIP）資料

你也可以存100張金融股：養出退休金雞母 打造領息好日子/陳重銘著.
-- 初版. -- 新北市：金尉股份有限公司, 2023.08
面；　公分
ISBN 978-626-97440-5-3(平裝)
1.CST: 股票投資 2.CST: 投資技術 3.CST: 投資分析
563.53　　　　　　　　　　　　　　　112013145

如何進入不敗學院？

現在已經進入學院
可以開始學習囉

Step1、
首先請先安裝不敗存股術
App，並登入會員帳號

Step2、
接下來在App下方頁籤
點選「不敗學院」

Step3、
介面上方可點選文章 / 影音 /
Podcast分類切換想要學習
的內容哦！

不敗存股術App
打造全方位存股戰略

想學投資賺錢，卻……

1
不清楚正確
的投資觀念

2
總是買在最高點
禁不起震盪

3
勞累無法分神
研究股市

4
找不到成長中
體質好的公司

Money錢

Money錢